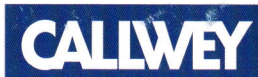

YVONNE BAUER

Die wunderbare Welt von Fräulein Klein

Backzauber und Dekolust

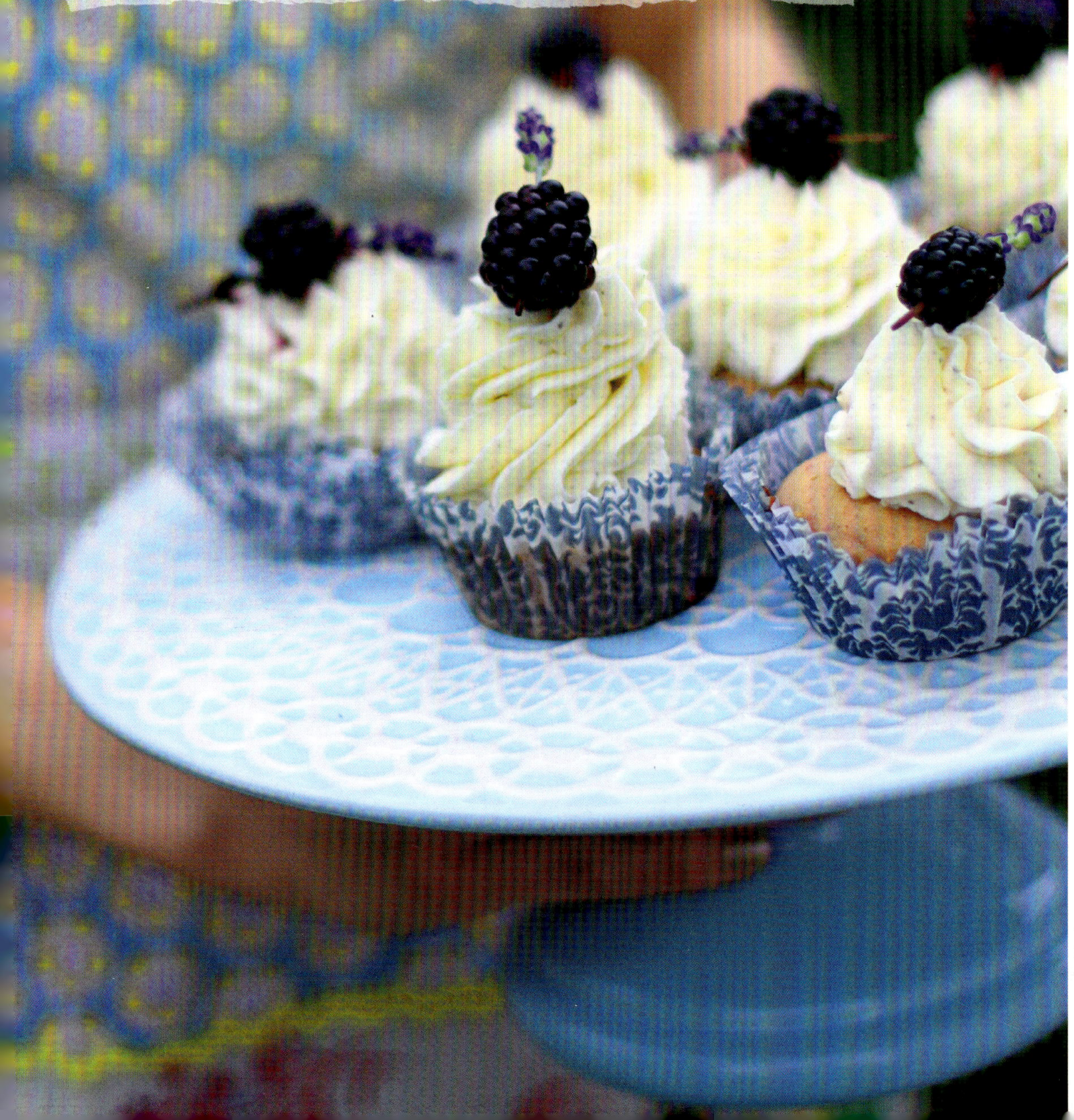

CALLWEY

YVONNE BAUER

Die wunderbare Welt von Fräulein Klein

Backzauber und Dekolust

We are MUSIC MAKERS
and we are DREAMERS of dreams

THE SIMPLE JOY OF *living*

a SISTER is a gift to the heart

Yummy

einleitung

Eigentlich ist alles ganz zufällig passiert.

Vor vier Jahren bin ich in einem Internet-Forum über einen Blog gestolpert. Was ein Blog überhaupt ist, wusste ich bis dahin noch überhaupt nicht. Aber durch diesen Blog habe ich den nächsten gefunden und wurde von dort wiederum auf den nächsten aufmerksam usw.

Ich war sofort fasziniert davon, einen Einblick in den Alltag, die Kreativität, die Reisen und alle anderen Themen zu bekommen, die in den jeweiligen Blogs zur Sprache kamen. Trotzdem hat es noch ein Jahr gedauert, bis ich ganz spontan den Entschluss gefasst habe, selbst einen Blog zu schreiben. Somit bin ich vor drei Jahren auf ziemlich einfache Weise zu meinem Blog gekommen und Fräulein Klein war geboren.

Ich werde oft gefragt, wie mein doch eher ungewöhnlicher Blogname entstanden ist – immerhin lautet mein Name ja ganz anders. Mit „Fräulein Klein" war ursprünglich auch nicht ich selbst gemeint, sondern meine beiden Töchter. In Wien gibt es ein Kinderbekleidungsgeschäft mit dem Namen Herr und Frau Klein und ich fand den Namen sehr ansprechend. Da ich aber keinen Sohn, sondern zwei Töchter habe, wurde daraus „Fräulein Klein". Mittlerweile gehört der Name jedoch eher zu mir selbst.

Seither bereitet es mir viel Freude, meinen Blog zu schreiben, und ich freue mich über alle Leser, die mich schon über Jahre begleiten und die mich regelmäßig in meiner kleinen Welt besuchen kommen.

Und wer hätte gedacht, dass aus meinem Blog, meiner Leidenschaft für das Backen und meinem Faible für Selbstgemachtes und Kreatives einmal ein Buchprojekt entstehen würde!

Als mir also eines Tages die Frage gestellt wurde: „Frau Bauer, hätten Sie Lust auf ein gemeinsames Buchprojekt?", war ich komplett aus dem Häuschen!

Entstanden sind somit, nach Jahreszeiten geordnet, viele „Do it yourself"-

Projekte und zahlreiche Ideen für Gebackenes, die mich über ein Jahr hinweg begleitet haben.

Vor allem meine Vorliebe für Süßes nimmt in diesem Buch einen großen Platz ein. Der Duft, der beim Backen durch das gesamte Haus strömt, ist für mich eine der schönsten Kindheitserinnerungen. Bei uns zuhause wurde früher nämlich jeden Samstag gebacken. Und was gibt es Herrlicheres, als die gebackenen Köstlichkeiten an einem schön gedeckten Tisch mit lieben Gästen und der Familie zu genießen! – Oder das Gebackene mit selbst gemachten Toppers und Fähnchen aufzuhübschen, denn das Auge isst ja schließlich mit. Es bereitet mir deshalb viel Freude, meinen Gästen zum Beispiel kleine Törtchen mit dem letzten, selbst gebastelten Schliff zu präsentieren.

Eine große Leidenschaft von mir ist auch, unser Heim der Jahreszeit entsprechend zu dekorieren. Unser Haus ist einer ständigen Veränderung ausgesetzt, denn es gibt einfach so viele schöne Ideen, die ich unterbringen möchte. Und ich liebe es, ganze Räume immer wieder neu zu gestalten. Da höre ich von Gästen schon öfter einmal den Satz: „Hast du schon wieder umgeräumt?"

Ich persönlich mag Kuchen, Torten oder Tartes gern in der kleinen Ausgabe. Deswegen ist das Gebackene in diesem Buch größtenteils klein portioniert, zum Beispiel als Küchlein aus der Muffinform oder Tartelettes. Und meine Torten backe ich ausschließlich in einer 20er Springform. Alle Rezepte für Torten oder Tartelettes lassen sich aber auch in einer größeren Form nachbacken.

Bei meinen Minigugls und Küchlein kann man ganz einfach die Mengenangaben verdoppeln und sie in einer großen Guglhupfform oder anderen Kuchenformen backen.

Ich hoffe, ich kann mit Die wunderbare Welt von Fräulein Klein – Backzauber und Dekolust etwas von meiner Begeisterung für das Backen und Dekorieren weitergeben und wünsche gutes Gelingen und ganz viel Freude beim Ausprobieren!

Alles Liebe,

Yvonne

frühling

So gern ich den Winter auch mag, spätestens im Februar sehne ich doch den Frühling herbei, der all meine Lebensgeister wieder weckt. Wenn die Kirsch- und Magnolienbäume zu blühen beginnen, ist das für mich die pure Inspirationsquelle! Es treibt mich wieder aus dem Haus und ich beginne, aktiver zu werden.

Mit den ersten Frühlingsblühern lässt sich das Haus frisch dekorieren und ich bekomme richtig Lust auf mehr Farbe. Außerdem ist jetzt bald Ostern, ein Fest, das ich besonders mag, weil wir es im kleinen, familiären Rahmen feiern. So ist es mit wenig Stress und Hektik verbunden. Jetzt wird Dekoration und Backwerk wieder ganz groß geschrieben!

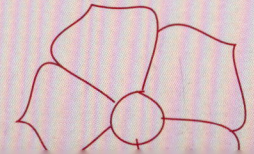

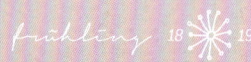

Der Valentinstag ist für mich immer eine schöne Gelegenheit zum Backen. Zu diesem Anlass darf es auch gern etwas Besonderes sein. Da an diesem Tag die „Farben der Liebe" – Rot und Pink – vorherrschen, habe ich mir überlegt, einen dreifarbigen Zebrakuchen zu backen. Ganz klassisch in Weiß, Braun – und eben in Pink. Passend dazu gibt es noch ein Gläschen Sekt.

DREIFARBIGER ZEBRAKUCHEN MIT NUTELLA
(für eine 20er Spring- oder eine 2 5er Kastenform)

4 Eier
220 g Zucker
1 Pck. Vanillezucker
200 ml Öl
100 ml Buttermilch
300 g Mehl
1 TL Backpulver

2 EL Nutella
1 TL Vanilleextrakt
pinke Lebensmittelpaste

dunkler Tortenguss
Dekorstreusel in Weiß, Pink
   und Rot

Eier trennen. Eiweiß steif schlagen. Eigelbe mit Zucker und Vanille-zucker cremig schlagen. Öl nach und nach hinzugießen und kräftig durchrühren. Mehl mit Backpulver mischen und unter den Teig rühren. Vorsichtig das geschlagene Eiweiß unterheben.

Den Teig in 3 gleich große Mengen teilen.
In den ersten Teil 2 EL Nutella rühren, in den zweiten 1 TL Vanille-extrakt und in den dritten Teig die Lebensmittelpaste. Von der Paste zunächst nur eine geringe Menge untermischen und je nach ge-wünschter Färbung mehr hinzufügen. Lebensmittelpasten färben sehr intensiv und das Resultat ist schnell ein zu starker Pinkton.

Die Springform mit Backpapier auskleiden und die Ränder einfetten. In die Mitte der Springform 1 EL des Nutellateigs setzen. Genau darauf (wichtig: nicht daneben) einen weiteren EL mit dem Vanilleteig geben und danach auch wieder genau darauf einen EL mit dem pinken Teig. Den Vorgang in der gleichen Reihenfolge wiederholen, bis der ganze Teig aufgebraucht ist. Der Teig verteilt sich von ganz alleine in der Form.
Am Schluss den Teig nicht glatt streichen, sondern so wie er ist in den Ofen schieben und bei 180 Grad ca. 45 – 50 Minuten backen. Nach Ende der Backzeit, den Kuchen auskühlen lassen und aus der Form lösen.
Die Kuchenglasur im Wasserbad erhitzen und über den Kuchen gießen. Sofort mit den Dekorstreuseln verzieren.

SEKTGLÄSER

Kuvertüre oder dunkle
   Schokolade
Dekorstreusel in Weiß, Rot
   und Pink
Sektgläser

Schokolade im Wasserbad schmelzen, bis sie schön flüssig ist. In ein weites Gefäß umfüllen. Die Dekorstreusel gleich bereitlegen.
Die Gläser ca. 1 cm tief hineintauchen, sodass der Rand vollständig mit Schokolade bedeckt ist. Sofort mit den Dekor-streuseln bestreuen.

TIPP

Deko-Schirmchen
Mit der Schere den Untersetzer vom Rand bis in die Mitte einschneiden. Die beiden aufgeschnittenen Seiten leicht übereinanderschieben und mit Kleber fixieren. Das Holzstäbchen durch die Mitte stechen und ebenfalls mit einem Klecks Kleber festmachen.

MATERIAL

* Holzstäbchen bzw. -spieße
* Doilies oder kleine Spitzen-untersetzer aus Papier
* Heißklebepistole oder Bastelkleber
* Schere

Wimpel-Bunting

Das Tonpapier in der Mitte falten und mit einem Bleistift gleich große Dreiecke auf einer Seite aufzeichnen. Ausschneiden, sodass kleine Wimpel entstehen. Ein Band in Länge der Torte inkl. 1 – 2 cm für die Befestigung zurechtlegen und an die Lollistäbchen binden. In die Torte stecken und mit den kleinen Wimpeln behängen.

MATERIAL

* Lollistäbchen
* Tonpapier in verschiedenen Grüntönen und in Braun
* braunes, dünnes Band
* Schere

Korken-Toppers

Auf der Rückseite eines Kronkorkens einen großen Klecks Heißkleber geben, sofort den Zahnstocher auflegen und leicht andrücken.

MATERIAL

* Kronkorken
* Zahnstocher
* Heißklebepistole

GUINESS-SCHOKOLADENTORTE MIT BAILEYS-CREME
(für eine 20er – 24er Springform)

180 g Butter
75 g Kakao
1 TL Vanilleextrakt
180 g Zucker
280 g Mehl
1 TL Backpulver
3 Eier
150 ml Guiness

400 g Sahne
2 Pck. Vanillezucker
150 ml Baileys
3 weiße Gelatineblätter
100 g Schmand
30 g Zucker

400 g Sahne
60 g Zartbitterschokolade
(mind. 50%)

Für das Topping die Sahne erwärmen und die Schokolade komplett darin auflösen. Anschließend vollständig auskühlen lassen. Das Topping lässt sich auch gut einen Tag vorher zubereiten.

Für den Boden die Butter mit dem Zucker schaumig schlagen. Die Eier nach und nach hinzufügen. Vanilleextrakt zugeben. Kakao mit dem Mehl und Backpulver mischen und gut unter den Teig mischen. Guiness hinzufügen und noch einmal durchmischen.

Eine 20er Springform mit Backpapier auslegen und die Ränder einfetten. Teig darin verteilen und glattstreichen. Bei 180 Grad ca. 1 Stunde backen. Den Boden auskühlen lassen, vorsichtig aus der Form lösen und waagrecht halbieren.

Für die Füllung Gelatine in kaltem Wasser 10 Minuten einweichen. Die Sahne mit 2 Päckchen Vanillezucker steif schlagen. Schmand mit 30 g Zucker glattrühren. Baileys in einem kleinen Topf auf der Herdplatte nur ganz leicht erwärmen und die gut ausgedrückte Gelatine darin auflösen. Den Baileys unter den Schmand rühren und die Sahne unterheben. Auf die eine Hälfte des Tortenbodens idealerweise einen Tortenring legen und die Füllung gleichmäßig darauf verteilen. Anschließend den zweiten Tortenboden auflegen und alles 3 – 4 Stunden kühl stellen.

Für das Frosting die Schokoladensahne steif schlagen und auf der Torte und an den Rändern verteilen.

Um die Torte dekorativer zu gestalten, habe ich ein Bunting gemacht und die Kronkorken ebenfalls als Toppers weiterverwertet.

Der St. Patrick's Day ist ja eigentlich ein irischer Feiertag, aber ich finde das saftige Grün nach den langen Wintermonaten so herrlich erfrischend. Außerdem habe ich nun die Möglichkeit, Guiness und Baileys als Backzutaten zu verwenden — eine sehr leckere Variante!

Früher war ich absolut keine Teetrinkerin, was wahrscheinlich daran liegt, dass es nur die altbewährten Teesorten wie Kamille, Pfefferminz und Hagebutte gab. Daneben gibt es aber noch viele andere und vor allem leckere Sorten – doch diesen Genuss habe ich erst relativ spät für mich entdeckt. Umso netter finde ich es jetzt, anstatt der Kaffeetafel auch einmal einen Nachmittagstee nach englischem Vorbild zu zelebrieren.

Das alles hat ja immer etwas von „der guten, alten Zeit", darum habe ich passend für meinen Afternoon Tea altes Geschirr verwendet, das ich vor ein paar Jahren auf einem Flohmarkt entdeckt und bunt gemischt habe. Gleiches gilt für die alten Papiertaschentücher, die an einer Schnur aufgereiht, eine wunderbare Wimpelgirlande ergeben.

KAROTTEN-INGWER-KUCHEN (für eine Guglhupfform)

4 Eier
200 g Butter
200 g gemahlene Mandeln
350 g Mehl
1 TL Backpulver
250 g fein geriebene Karotten
1 Pck. Bourbon-Vanillezucker
200 g brauner Zucker
1 Prise Salz
Saft einer Bio-Zitrone (1 EL davon für den Guss)
Abrieb einer Bio-Zitrone
2 TL Zimt
1 TL fein geriebener Ingwer

1 Eiweiß
250 g Puderzucker
1 EL Zitronensaft

Butter mit Zucker, Bourbon-Vanillezucker und einer Prise Salz schaumig rühren. Eier nach und nach zugeben und cremig schlagen.
Mehl mit Backpulver, den gemahlenen Mandeln, den fein geriebenen Karotten, den Gewürzen und dem Abrieb einer Bio-Zitrone vermengen. Unter die Ei-Buttermasse mischen und den Saft der Bio-Zitrone zugeben. Von dem Saft jedoch 1 EL für den Guss zurückbehalten. Alles verrühren und in eine gefettete Guglhupfform füllen. Den Teig glattstreichen und die Form in den Ofen schieben.
Bei 180 Grad ca. 50 – 60 Minuten backen.
Kuchen abkühlen lassen und stürzen.

Für den Guss das Eiweiß gemeinsam mit dem Puderzucker dickcremig aufschlagen. Zitronensaft hinzufügen und über den Kuchen geben. Trocknen lassen.

EARL-GREY-CUPCAKES (für 12 Cupcakes)

4 Teebeutel Earl Grey
125 ml Milch
150 g Zucker
2 Eier
220 g Mehl
1 TL Backpulver
150 g Butter

150 g Butter
350 g Frischkäse (Doppelrahmstufe)
2 Pck. Bourbon-Vanillezucker
100 g Puderzucker

Milch in einem Topf erwärmen und die Teebeutel mindestens 30 Minuten darin ziehen lassen.
Mehl mit Backpulver mischen. Die Butter mit dem Zucker schaumig schlagen. Eier zugeben und weiter cremig rühren.
Mehl und Backpulver zugeben und vermischen. Milch zugießen und verrühren.
In einem Muffiblech Papierförmchen auslegen und mit dem Teig füllen.
Bei 180 Grad ca. 20 Minuten backen und anschließend auskühlen lassen.

Für das Topping die Butter mit dem Frischkäse und dem Zucker glattrühren.
In einen Spritzbeutel mit Sterntülle füllen und auf die Cupcakes spritzen. Nach Wunsch noch mit Streusel verzieren.

Tee-Bunting

Meinen Kuchen habe ich mit einem Bunting dekoriert. Dafür einfach die Papieranhänger von verschiedenen Teebeuteln abschneiden und mit der Nähmaschine aneinandernähen. Am Anfang und Ende den Faden unbedingt etwas länger lassen, damit man ihn noch an den Stäbchen festbinden kann.
Die Enden dann einfach um zwei Lollistäbchen wickeln, festmachen und in den Kuchen stecken.

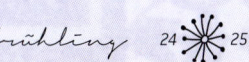

MATERIAL

* Teebeutelanhänger
* Faden
* 2 Lollistäbchen

Ich fand auch die Idee ganz nett, die Teebeutel einfach selbst zu machen und ihnen einmal eine andere Form zu geben. Dafür habe ich Teefilter aus Papier verwendet, die man in jedem Teefachgeschäft kaufen kann.

Auf einer Seite mit Bleistift einen Kreis vorzeichnen und an der vorgezeichneten Linie rundum nähen. Hierbei ca. 1 – 2 cm aussparen, durch diese Lücke wird nachher der Tee in die Filter gefüllt. Dafür kann man der Einfachheit halber auch einen Trichter verwenden. Nachdem der lose Tee im Filter ist, den Kreis komplett zunähen, den Faden aber nicht vollständig abschneiden, sondern noch ca. 10 cm davon stehen lassen. Daran werden nachher die Papieranhänger befestigt. Zuvor muss aber der Kreis noch schön in Form geschnitten werden: Am besten ca. 5 mm von der Naht entfernt ansetzen.

Für die Papieranhänger werden kleine Kreise aus farbigem Papier ausgeschnitten und über und unter dem zurückgelassenen Fadenende aufgeklebt, sodass diese nicht mehr zu sehen sind.

MATERIAL

* losen Tee
* Teefilter
* Faden
* Papier
* Schere
* Kleber

PISTAZIEN-ECLAIRS (für 10 – 12 Stück)

125 ml Milch
125 ml Wasser
1 Prise Salz
1 EL Zucker
200 ml Mehl
4 Eier
70 g Butter

400 g Sahne
35 g Puderzucker
1 Pck. Bourbon-Vanillezucker
50 g gemahlene Pistazien

1 Eiweiß
200 g Puderzucker
1 EL Zitronensaft
25 g gehackte Pistazien

Aus den Zutaten für den Teig einen Brandteig herstellen:
Milch und Wasser in einen Topf gießen und die in Stücke geschnittene Butter, Zucker und Salz hinzugeben. Alles bei starker Hitze mit einem Kochlöffel so lange rühren, bis die Butter geschmolzen ist. Aufkochen lassen und von der Herdplatte ziehen. Das Mehl auf einmal dazugeben und unterheben. Danach kräftig rühren, bis der Teig fest geworden ist. Den Topf zurück auf die Herdplatte stellen, denn jetzt erfolgt das Anbrennen. Alles unter ständigem Rühren stark erhitzen und zwar solange, bis sich der Teig vom Topfrand löst und auch nicht mehr am Kochlöffel kleben bleibt.
Den Teig in eine Rührschüssel umfüllen und mit dem Handrührgerät durchmischen, damit er etwas abkühlt. Eier in einer kleinen Schüssel aufschlagen und nach und nach unter den Teig mengen.
Es sollte eine festere Masse entstehen. Der Teig ist genau richtig, wenn er am Kochlöffel hängen bleibt und sich erst nach ein paar Sekunden davon löst.

Den Teig in einen Spritzbeutel mit glatter Lochtülle (ca. 20 mm) füllen und ca. 10 cm lange Teigrollen auf ein mit Backpapier belegtes Backblech spritzen.
Zwischen den Rollen einen Abstand lassen, da sie beim Backen aufgehen. Bei 180 Grad ca. 20 Minuten backen, bis die Eclairs goldbraun sind.
Die Backtür darf während der ersten 15 Minuten nicht geöffnet werden, da ansonsten der Teig zusammenfällt. Erst gegen Ende der Backzeit kann die Tür geöffnet werden.
Die Rollen waagrecht aufschneiden.

Für die Füllung die Sahne mit dem Puderzucker und dem Vanillezucker steif schlagen. Die gemahlenen Pistazien untermischen und alles in einen Spritzbeutel mit Sterntülle füllen und auf den Boden der Eclairs spritzen. Mit dem Deckel belegen.

Aus dem Puderzucker, dem Eiweiß und der Zitrone die Glasur herstellen, auf die Eclairs pinseln und sofort mit den gehackten Pistazien bestreuen.

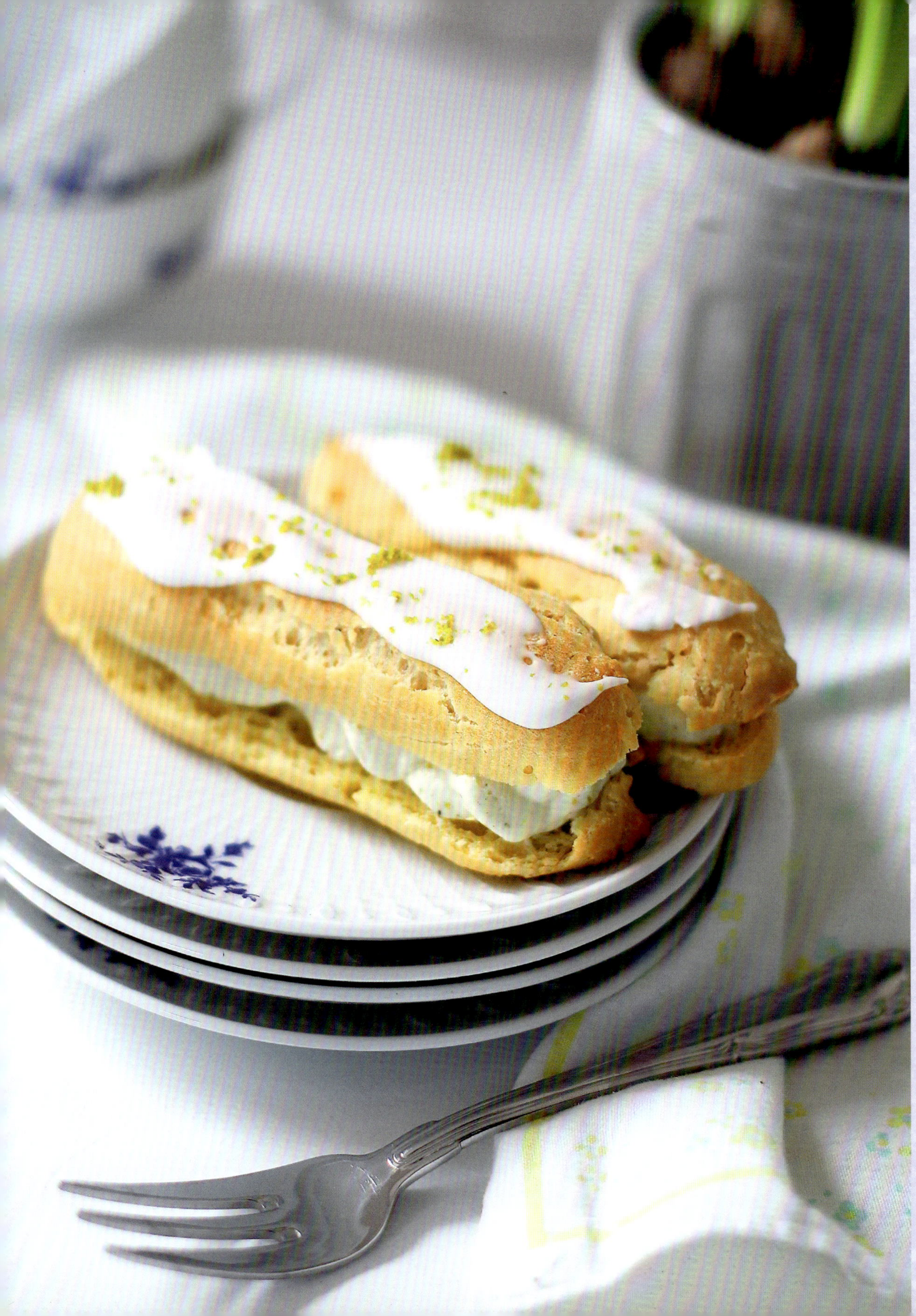

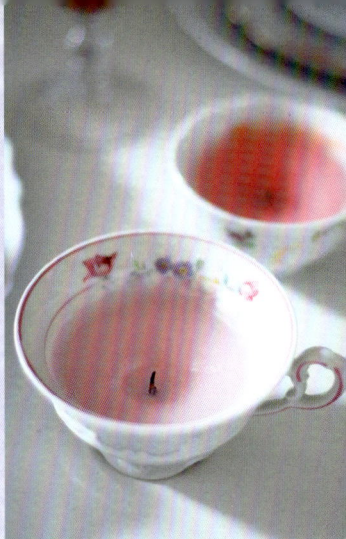

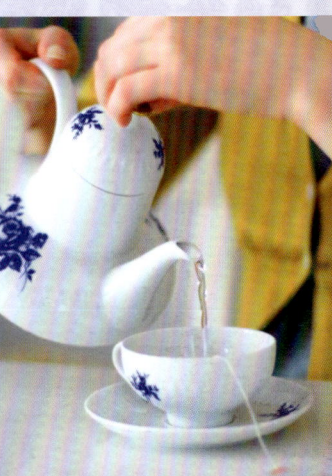

Für die Teetafel wurden alte Tassen vom Flohmarkt in Kerzen umfunktioniert. Dafür habe ich Paraffin in einem Topf nach Gebrauchsanweisung geschmolzen und einen Docht in die Mitte gesetzt.

MATERIAL

* Tassen
* Paraffin in der gewünschten Farbe
* Kerzendocht

MODERNE KUNST AN GLÄSERN

Einmachgläser und kleine Flaschen lassen sich wunderschön recyclen und in Szene setzen. Mir fällt es persönlich immer sehr schwer, solche Gläser zu entsorgen, weil ich damit so gern dekoriere. Und es gibt unzählige Möglichkeiten dafür!

Für diese Vasen habe ich ganz einfach Gläser und kleine Flaschen in Acryllack getaucht und trocknen lassen. Ich finde, es sieht wunderschön aus, wenn die Farbe am Glas entlangläuft und irgendwann trocknet. Man kann die Gläser entweder von oben oder von unten eintauchen, beides sieht toll aus! Und am besten über dem Farbtopf abtropfen lassen, damit nicht zu viel Farbe verloren geht!

Mit ein paar Blumen hat man auf diese Weise schnell eine individuelle Dekoration gezaubert.

MATERIAL

* Einmachgläser oder Glasflaschen
* Acryllack

OMBRE-EIER

Wunderschöne Farben beim Färben von Ostereiern erzielt man mit Lebensmittelpasten. Da sie sehr stark färben, unbedingt besonders auf Kleidung und Textilien achten!

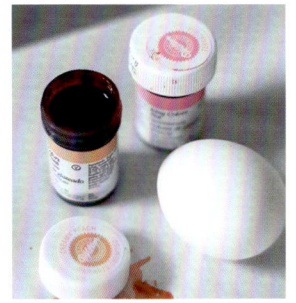

Ich habe meine Ostereier so gefärbt, dass ein Farbverlauf erkennbar ist.

Dazu die Eier zunächst hart kochen, abkühlen lassen und mit Essig einreiben.
Wasser im Wasserkocher abkochen.
In ein Glas, in dem die Eier gerade so Platz haben, etwas Wasser einfüllen (ca. 1 cm hoch). 1 TL Essig und ca. 1 Msp. Lebensmittelpaste hinzugeben und das Ei hineinstellen. Es sollte nicht umkippen! Ca. 1 Minute warten und heißes Wasser nachgießen, sodass das Ei nun zu $1/3$ mit Wasser bedeckt ist. Wieder ca. 1 Minute warten und erneut heißes Wasser einfüllen, sodass das Ei zu $3/4$ mit Wasser bedeckt ist. Nach einer weiteren Minute so viel heißes Wasser eingießen, bis das ganze Ei bedeckt ist. Anschließend noch einmal 1 Minute warten, das Ei herausnehmen und auf Küchenkrepp trocknen lassen.

MATERIAL

* hart gekochte Eier
* Lebensmittelpaste in der gewünschten Farbe
* Glas
* Wasserkocher
* Essig

MUSTACHE-EIER

*Eine witzige Art der Oster-
deko sind für mich meine
Mustache-Eier. Die fanden
auch meine beiden Töchter
richtig klasse!*

Ich habe auf schwarze De-
korfolie verschiedene kleine
Bärte aufgezeichnet, aus-
geschnitten und auf weiße,
ausgeblasene Eier geklebt.
Für die Aufhängung eine
dünne Schnur an einem kleinen Stückchen Zahnstocher
festknoten oder vorsichtig
in das Ausblasloch der Eier
stecken. Fertig ist die kinderfreundliche Osterdekoration.

MATERIAL

* ausgeblasene, weiße Eier
* Dekorfolie
* Schere
* Zahnstocher
* dünne Schnur für die
  Aufhängung

FEDERDEKO UND BLUMENEIER

Ich persönlich mag Perlhuhn-federn am liebsten, die man im Bastelladen kaufen kann.

Für die Deko habe ich die Federn mit Hilfe eines Leder-bands an die Eier gebunden und an meinen Korkenzieher-pappel-Ast gehängt. Damit die Dekoration stimmig wird, werden an Glasvasen eben-falls Federn festgebunden oder schlicht hineingelegt. Oder aber die Federn werden in Schalen zusammen mit weißen Eiern dekoriert. Eine schöne Idee für einen gedeckten Tisch sind zum Bei-spiel an Eier gebundene Blu-men und Blüten. Meine Blüten habe ich ebenfalls mit einem Lederband fest gemacht. Man kann aber auch die Eier als kleine Vasen benutzen, indem man die Schale oben vorsich-tig abtrennt und das Ei innen mit heißem Wasser ausspült.

MATERIAL

* ausgeblasene Eier
* rohe Eier
* verschiedene Federn
* dünnes Lederband
* Zahnstocher
* dünne Schnur für die Aufhängung
* Blumen und Blüten

OSTERDEKO

Eine Dekoration mit Federn finde ich eigentlich das ganze Jahr über schön, aber zu Ostern passt sie einfach am besten.

Meine kleine Tochter und ich haben in österlicher Vorbereitung Ricotta-Vanille-Cupcakes gebacken und sie in ein Osterhasen-Gewand gesteckt!

RICOTTA-VANILLE-CUPCAKES
(für 12 Stück)

175 g Mehl
2 Eier
100 g Zucker
125 g Butter
125 g Ricotta
½ Vanilleschote
1 TL Backpulver
1 EL Milch
½ Zitrone

400 g Sahne
2 Pck. Vanillezucker
2 – 3 EL schwarzes Johan-
    nisbeergelee

24 Löffelbiskuits
12 Minimarshmallows
100 g Schokolade

Die Butter mit dem Zucker schaumig schlagen. Eier unterrühren und weiterschlagen. ½ Vanilleschote auskratzen und zugeben. ½ Zitrone auspressen und mit der Milch und dem Ricotta ebenfalls unterrühren. Mehl mit Backpulver mischen und unterheben.

Den Teig in die Papierförmchen füllen und alles bei 180 Grad ca. 20 – 25 Minuten backen.

Die Sahne mit Vanillezucker steif schlagen. Schwarzes Johannisbeergelee unterrühren und alles in einen Spritzbeutel füllen. Das Topping auf die ausgekühlten Cupcakes spritzen.

Für die Ohren die Enden der Löffelbiskuits abschneiden. Schokolade im Wasserbad schmelzen und in einen Gefrierbeutel, in den man vorher ein kleines Loch geschnitten hat, füllen.
Auf die Löffelbiskuits mit der Schokolade Ohren aufspritzen.
Auskühlen lassen.
Danach die Biskuits nebeneinander in die Sahne stecken.
Als Bommelschwänzchen einen Minimarshmallow in die Sahne drücken.

Fertig!

Ich liebe Ostern! Das ist für mich ein Familienfest ohne großen Stress – einfach zum Genießen! Es ist herrlich, den Tisch österlich zu schmücken und etwas Süßes für den Nachmittagskaffee zu backen!

Für meinen Ostertisch habe ich hauptsächlich Pastellfarben verwendet, mit einem klitzekleinen Touch Schwarz und Grau.

Die Teller zieren kleine Schälchen, die Osternester darstellen. Die hart gekochten Eier sind teils weiß belassen, teils mit Lebensmittelpaste rosa eingefärbt. Nach dem Trocknen wurden sie mit verdünnter Lebensmittelfarbe und mithilfe einer Zahnbürste besprenkelt.
Wenn die Farben vollständig getrocknet sind, wird eine Schnur waagrecht und mittig auf das Ei gelegt, mit Siegelwachs beträufelt und mit dem Siegel fixiert. Das macht die Eier für mich zu einem richtigen Hingucker!
Als Blumenschmuck dienen rosafarbene Magnolienzweige aus dem Garten.
Die Leinenservietten wurden von mir bereits ein paar Tage zuvor, passend zum restlichen Farbschema, altrosa eingefärbt. Dafür eignet sich handelsübliche Stofffarbe, die ich nach Packungsanweisung, aber etwas kürzer als empfohlen, verwendet habe.
Aus festem Tonpapier ausgeschnittene Eier bzw. Ovale sind mit dem Schriftzug „Frohe Ostern" versehen und dienen als Willkommensgruß. Ich habe sie einfach in die Gabel geklemmt und neben den Tellern platziert.

MATERIAL

* hart gekochte Eier
* Lebensmittelpaste
* Siegel
* Siegelwachs
* Schnur
* Tonpapier
* Schere
* Leinenservietten
* Stofffarbe

Eierlikör-Tonkabohnen-
Miniguglhupf

EIERLIKÖR-TONKA-GUGLS
(für 12 Stück)

125 ml Öl
2 Eier
100 g Zucker
1 Pck. Vanillezucker
125 ml Eierlikör
80 g Mehl
50 g gemahlene Haselnüsse
1 TL Backpulver
1 Prise geriebene Tonka-
  bohne

Zuckerstreusel

Öl mit Zucker und Vanillezucker schaumig rühren. Eier zuge-
ben und cremig schlagen.
Mehl mit Nüssen, Backpulver und einer Prise geriebener
Tonkabohne mischen.
Unter die Eimasse rühren. Eierlikör zugeben und alles gut
mischen.
Kleine Guglförmchen ausbuttern und mit Semmelbrösel
(Paniermehl) ausstreuen.
Teig einfüllen und alles bei 180 Grad 30 Minuten backen.
Auskühlen lassen.
Die Glasur schmelzen, über den Gugls verteilen und mit
Zuckerstreusel verzieren.

RHABARBERLIMONADE
(für 6 Gläser à 250 ml)

1 kg Rhabarber
300 ml Apfelsaft
3 Limetten
1 Vanilleschote
100 g brauner Zucker
100 ml Grenadinesirup
400 ml Sprudel-Mineral-
  wasser

Rhabarber schälen und in kleine Stücke schneiden (ca. 1 cm
dick). Mit Apfelsaft, ausgekratzter Vanilleschote, der Schote
selbst und Zucker aufkochen. 10 Minuten köcheln lassen.
Schote entfernen und Rhabarber im Saft pürieren. Alles filtern
und abkühlen lassen. Limetten auspressen und Saft hinzufügen. Mit Grenadinesirup und Mineralwasser aufgießen.

Ich habe unsere Limonade in kleine ausgespülte
Saftglasflaschen umgefüllt. Beklebt sind sie mit
Tafelfolie, die ich vorher oval ausgeschnitten
habe. Nach dem Aufkleben kann man sie nach
Wunsch noch mit Kreide beschriften.

MATERIAL

* Saftglasflaschen
* Tafelfolie
* Kreide

MOHNKUCHEN IM GLAS MIT ROSMARIN-ERDBEEREN UND VANILLECREME

(für 6 Gläser)

90 g Butter
125 g Mehl
1/2 TL Backpulver
1 Ei
1 Prise Salz
50 ml Milch
1 EL Orangensaft
1/2 TL Abrieb einer
   Bio-Orange
1 Pck. Vanillezucker
60 g Zucker
1 EL Mohnsamen

Butter mit Zucker, Vanillezucker und einer Prise Salz schaumig schlagen. Ei zugeben und cremig rühren. Mehl mit Backpulver mischen und unter die Eimasse rühren.
Orangensaft, Milch und Abrieb der Orange zugeben. Zum Schluss die Mohnsamen unterrühren.

6 Mulden von einem Muffinblech mit Papierförmchen auslegen. Teig darin verteilen und ca. 25 Minuten bei 180 Grad backen. Auskühlen lassen und aus den Papierförmchen nehmen.

ROSMARIN-ERDBEEREN

600 g Erdbeeren
2 EL Zucker
1 Pck. Vanillezucker
Saft von 1/2 Orange
3 – 4 Zweige Rosmarin
1 EL Grand Marnier

Erdbeeren vierteln und in einen Topf geben. Zucker, Vanillezucker, Orangensaft und Rosmarinzweige zugeben und alles aufkochen lassen. Ca. 4 Minuten köcheln lassen.
Rosmarin entfernen, Grand Marnier zugeben und alles auskühlen lassen.

VANILLECREME

400 g Sahne
1 Pck. Paradiescreme
   Vanille
190 g Creme Double
30 g Zucker

Die Sahne mit der Paradiescreme steif schlagen. Creme Double mit Zucker cremig aufschlagen. Die Sahne unter die Creme heben und alles in einen Spritzbeutel füllen.

In 6 Einweckgläser (ca. 220 – 250 ml) je einen Mohnmuffin setzen. Je einen Klecks Vanillecreme darauf spritzen und mit Erdbeeren auffüllen.

Mohnkuchen mit Rosmarin-Erd... & Vanillecreme

*Im Frühling freue ich mich immer ganz besonders
auf Rhabarber! Ich mag das Säuerliche so gern
und in Verbindung mit Ingwer ist das Ganze einfach
unschlagbar!*

RHABARBER-CHEESECAKE-TARTELETTES
(für 6 Tartelettes oder eine 24er Tarte)

150 g Mehl
1 Eigelb
150 g kalte Butter
70 g Puderzucker
70 g gemahlene Mandeln
Mark von ½ Vanilleschote

50 g weiße Schokolade
350 g Frischkäse (Doppel-
    rahmstufe)
1 Ei
30 g Zucker
1 TL Mehl
Mark von ½ Vanilleschote
250 g Rhabarber

400 g Rhabarber
10 g Ingwer
1 EL Grenadinesirup
40 g Zucker
1 Pck. Bourbon-Vanillezucker
2 EL Zitronensaft

Mehl in eine Rührschüssel geben und in der Mitte eine Mulde
formen.
Die in Würfel geschnittene Butter, Eigelb, Puderzucker, Mandeln
und das ausgekratzte Mark einer halben Vanilleschote hineingeben und alles zu einem glatten Mürbteig kneten.
Zu einer Kugel formen und ca. 1 Stunde im Kühlschrank ruhen
lassen.

Für die Füllung den Rhabarber schälen und in 1 cm dicke Stücke
schneiden. Schokolade fein reiben.
Frischkäse mit Ei, Schokolade, Zucker, Mehl und der anderen Hälfte
des Marks der Vanilleschote mit dem Handrührgerät zu einer glatten Creme rühren. Rhabarber unterheben.

Mürbteig ausrollen. In gefettete und mit Paniermehl bestreuten
Tartletteförmchen auslegen und mit einer Gabel leicht einstechen. Die Füllung hineingeben und bei 180 Grad 20 – 25 Minuten
backen.
Auskühlen lassen und anschließend aus der Form nehmen.
Besonders lecker schmecken die Tartelettes mit Rhabarberkom-
pott. Das Kompott hält sich ein paar Tage im Kühlschrank.

Dafür Rhabarber schälen und in 1 cm dicke Stücke schneiden.
Ingwer schälen und fein reiben oder ganz fein schneiden. Alles
zusammen mit Zucker, Vanillezucker und Zitronensaft in einen Topf
geben und aufkochen.
Ca. 4 Minuten köcheln lassen. Danach Grenadinesirup hinzufügen
und abkühlen lassen.

TIPP

*Das Kompott schmeckt
auch hervorragend zu
Pancakes, Waffeln usw.*

RHABARBER

RHABARBER-KARDAMOM-CUPCAKES (für 12 Stück)

150 g Mehl
2 Eier
120 g kalte Butter
75 g Zucker
1 Pck. Bourbon-Vanillezucker
1 TL Backpulver
2 EL Milch
50 g geriebene weiße
   Schokolade
120 g Rhabarber
$1/2$ TL Kardamom (Pulver)

400 g Sahne
175 g Frischkäse
   (Doppelrahmstufe)
2 Pck. Vanillezucker

Rhabarber schälen und in 1 cm dicke
Stücke schneiden. Schokolade reiben.
Butter mit Zucker und Vanillezucker
schaumig rühren. Eier hinzufügen und
cremig schlagen.
Mehl mit Backpulver, Kardamom und
Schokolade mischen und unter die
Eimasse rühren. Milch und Rhabarber
unterheben.
Ein Muffinblech mit Papierförmchen
auslegen und Teig darin verteilen.
Alles bei 180 Grad ca. 20 – 25 Minuten
backen.

Für das Topping Sahne mit Vanillezucker steif schlagen. Frischkäse glatt
rühren und die Sahne unterheben. Ggf.
nach persönlichem Geschmack noch
mit etwas Zucker süßen.
Die Creme in einen Spritzbeutel mit
Sterntülle füllen und auf den Cupcakes
verteilen.

*Viele sind der Meinung
Stiefmütterchen seien
etwas „altbacken", aber
ich liebe sie! Zum Glück
haben sie zweimal im Jahr
Saison und verbreiten vor
allem im Frühling richtig
gute Laune mit ihren
lustigen „Gesichtern".*

STIEFMÜTTERCHEN-LOLLIES

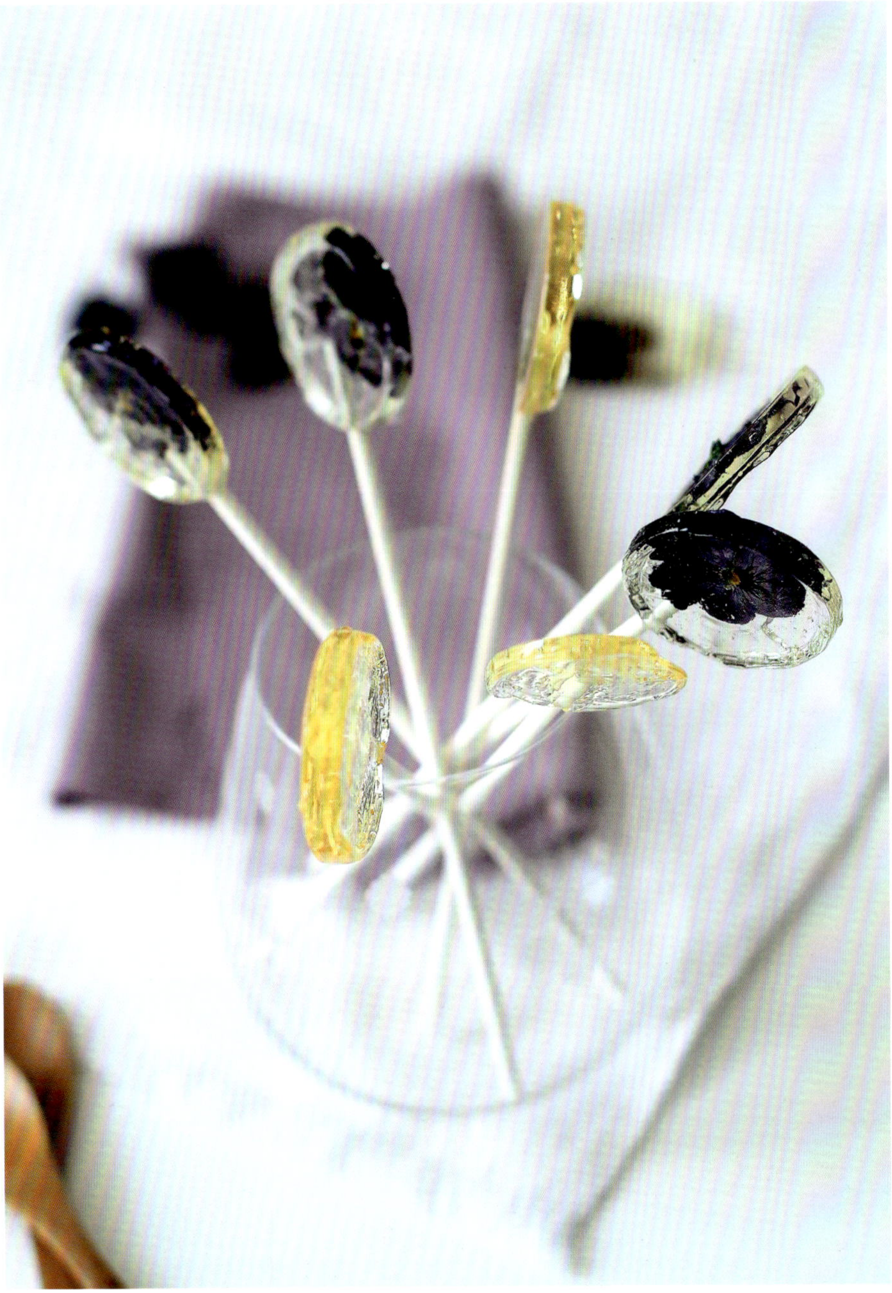

Isomalt ist gesünder als Zucker und auch ganz einfach in der Handhabung.

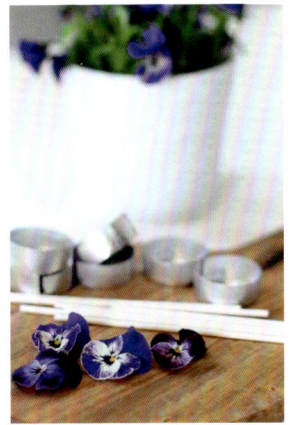

Um den Lollies eine schöne Form zu geben, habe ich die Kerzen aus Teelichtern gelöst und die kleinen Aluschälchen gründlich gereinigt. In den Rand wird eine dünne Öffnung geschnitten, die ca. 2 mm über dem Boden endet. Anschließend werden die Förmchen mit Speiseöl eingeölt – andernfalls lassen sich die Lollies nicht aus der Form lösen. In den Schlitz je ein Lollistäbchen legen.
Das Isomalt-Pulver in einem Topf erhitzen und dabei das Pulver nicht verrühren. Die Menge variiert, je nachdem wie viele Lollies man machen möchte.
Ich habe das aufgelöste Isomalt vorsichtig mit einem Esslöffel in den Förmchen verteilt (ca. 2 mm hoch), in die Mitte jeweils ein Stiefmütterchen gelegt und leicht eingedrückt.

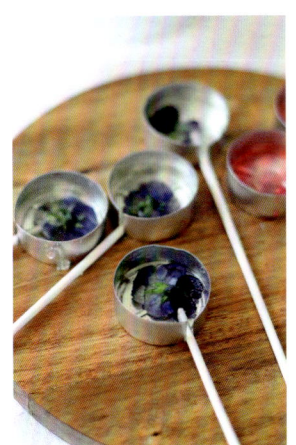

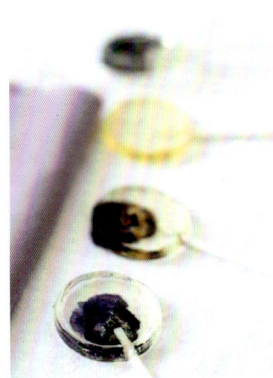

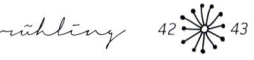

MATERIAL

* farbloses Isomalt in Pulverform
* Lollistäbchen
* Teelichter
* neutrales Speiseöl
* Stiefmütterchen oder andere essbare Blüten

Jedes Jahr am Muttertag gibt es bei uns eine große Kaffeetafel. Dafür decke ich den Tisch gern etwas aufwendiger, eben dem Anlass entsprechend. Meistens koche ich Marmelade ein, die ich in schöne Weckgläser gebe und verziere. Dieses Mal fand ich es besonders hübsch, überall kleine Spitzenuntersetzer aus Papier zu verteilen, und so habe ich das auch bei meinen Etiketten für die Marmelade aufgegriffen.

Das Farbschema ist blau/weiß, denn es harmoniert sehr gut mit dem Rot der Erdbeeren.

VANILLE-ZITRONENGRAS-PANNACOTTA-TÖRTCHEN MIT IN SHERRY MARINIERTEN ERDBEEREN

(für 12 Stück)

120 g Vollkornkekse
90 g Butter
1 gestrichener EL Zucker

5 Blatt weiße Gelatine
400 g Sahne
250 ml Milch
$1/2$ Vanilleschote
2 Stängel Zitronengras
75 g Zucker

Die äußeren Blätter des Zitronengrases abschälen, aufklopfen und in größere Stücke schneiden.
1 Becher Sahne (200 g) mit Milch, dem ausgekratzten Mark der Vanilleschote, der Schote selbst und Zitronengras 5 Minuten köcheln. Vanilleschote und Zitronengras entfernen.
Gelatine einweichen und die gut ausgedrückte Gelatine in der warmen Sahne auflösen. Kurz abkühlen lassen.

Vollkornkekse in einen Gefrierbeutel geben und mit Hilfe eines Nudelholzes fein zerbröseln. Butter erwärmen bis sie flüssig ist und mit den Keksbröseln und dem Zucker verrühren.
Ein Muffinblech mit 12 Papierförmchen auslegen und in die Förmchen die Brösel für den Boden verteilen. Unbedingt mit einem Löffel fest andrücken!
Die etwas abgekühlte Sahnemilch darauf verteilen und im Kühlschrank mindestens 4 Stunden kalt stellen, bis die Pannacottamasse fest geworden ist.

SHERRY-ERDBEEREN

1 Stängel Zitronengras
100 ml Limettensaft
  (ca. 4 Limetten)
50 ml Sherry
100 g Zucker
300 g Erdbeeren

Zitronengras wie für die Pannacotta schälen, aufklopfen und in Stücke schneiden.
Zusammen mit dem Limettensaft, dem Sherry und dem Zucker in einem Topf aufkochen und 5 Minuten ziehen lassen.
Das Zitronengras entfernen. Abkühlen lassen.
Die Erdbeeren halbieren oder vierteln, mit dem eingekochten Sirup vermischen und über die Pannacotta-Törtchen geben!

KOKOS-ERDBEER-CUPCAKES
(für 12 Stück)

50 g Kokosflocken
50 g weiße Schokolade
120 g Butter
80 g Zucker
1 Pck. Bourbon-Vanillezucker
2 Eier
2 EL Milch
120 g Mehl
1 TL Backpulver

150 g Erdbeeren
150 g Puderzucker
70 g Butter
350 g Frischkäse
 (Doppelrahmstufe)

rosa Glasurlinsen oder rosa
 Schokolade

Butter mit Zucker und Vanillezucker schaumig schlagen. Eier zugeben und cremig rühren. Schokolade reiben. Mit Kokosflocken, Mehl und Backpulver mischen und unter die Eimasse rühren. Milch hinzufügen. Alles bei 180 Grad ca. 20 – 25 Minuten backen.
Abkühlen lassen.

Erdbeeren pürieren und durch ein Sieb streichen.
Butter mit Puderzucker und Frischkäse zu einer glatten Masse rühren. Erdbeerpüree unterrühren, in einen Spritzbeutel mit Sterntülle füllen und im Kühlschrank kurz etwas fest werden lassen. Anschließend auf die Cupcakes spritzen.

Für die Verzierung habe ich aus Glasurlinsen mit einem Sparschäler kleine Späne abgehobelt. Man kann aber auch einfach Zuckerstreusel verwenden.

ERDBEER-ZITRONENGRAS-MARMELADE MIT SHERRY
(für 5-6 Gläser)

1 kg Erdbeeren
500 g Gelierzucker (2:1)
2 Limetten
1 Vanilleschote
2 Stängel Zitronengras
1 EL Sherry

Die Erdbeeren putzen und vierteln. Das Mark aus der Vanilleschote auskratzen und gemeinsam mit der Schote zu den Erdbeeren geben. Limetten auspressen und zugeben.
Die oberen Schichten des Zitronengrases abmachen und leicht aufklopfen. In Stücke schneiden und mit dem Zucker zu den Erdbeeren geben.
Alles durchmischen, abdecken und 2 Stunden ziehen lassen.
Schote und Zitronengras entfernen und alles 4 Minuten sprudelnd aufkochen lassen.
Dabei ständig umrühren.
Die Marmelade pürieren, 1 EL Sherry untermischen und sofort in Weckgläser füllen.

Keramikanhänger für die Marmelade

Keramiplast zwischen 2 Lagen Folie dick ausrollen. Mit einem runden Ausstecher Kreise ausstechen, Oberfläche ggf. mit Wasser glätten. Den Spitzenstempel in die Mitte setzen und vorsichtig, aber fest andrücken und Worte aufstempeln. Ein Loch für die Aufhängung einstechen und die Anhänger an der Luft trocknen lassen.

MATERIAL

* Keramiplast
* Spitzenstempel
* Wortstempel (nach Wunsch)
* Nudelholz
* Wasser
* runder Keksausstecher
* Holzstäbchen
* Band für die Befestigung

Torten-Toppers

Als Verzierung habe ich Kraniche aus buntem Papier gefaltet. Sehr anschauliche Schritt-für-Schritt-Anleitungen findet man im Internet (siehe S. 160). Die Kraniche auf unterschiedlich langen Holzspießen befestigen und als Toppers in die Torte stecken.

MATERIAL

* quadratisches Papier
* Holzstäbchen

SAKURA-JASMIN-ERDBEER-TORTE
(für eine 20er–26er Springform)

5 Eier
180 g Zucker
1 Pck. Vanillezucker
280 g Mehl
70 g Mandeln
1 TL Backpulver
125 ml Milch
3 TL loser Jasmintee
125 ml Öl

350 g Erdbeeren
1 Pck. Vanillezucker
200 g Sahne

150 g Erdbeeren
200 g Sahne
1 EL Zitronensaft
3 Blatt weiße Gelatine
60 g Zucker
200 g Schmand

50 ml japanischer Kirsch-
   blütensirup (Sakura)
100 ml Kirschsaft
1 EL Zucker
2 Blatt weiße Gelatine

Für den Boden zunächst die Milch erwärmen. Jasmintee in ein Teesieb oder ähnliches geben und in der Milch 30 Minuten ziehen lassen.
Öl mit Zucker und Vanillezucker schaumig rühren. Eier nach und nach zugeben und cremig schlagen.
Mehl mit Mandeln und Backpulver mischen und unter die Masse rühren. Tee aus der Milch entfernen und diese zum Teig rühren.

In eine mit Backpapier ausgelegte, an den Rändern gefettete Springform geben.
Ich habe eine 20er Springform verwendet, aber eine größere Variante geht genauso.
Teig bei 180 Grad ca. 45 – 60 Minuten backen. Mit einem Holzstäbchen testen, ob der Teig fertig ist: Mit dem Stäbchen in den Teig stechen, wenn kein Teig kleben bleibt, ist der Boden fertig. Auskühlen lassen.
Einen Tortenrand um den Boden legen. 350 g Erdbeeren halbieren und auf dem Boden verteilen. 200 g Sahne mit dem Vanillezucker steif schlagen und vorsichtig auf die Erdbeeren streichen.

Für die Creme die Gelatine einweichen, Erdbeeren pürieren. Schmand mit der Hälfte des Zuckers und dem Zitronensaft cremig rühren. Die Sahne mit der anderen Hälfte des Zuckers steif schlagen.
Eingeweichte und gut ausgedrückte Gelatine in einem kleinen Topf erwärmen, bis sie sich aufgelöst hat. 1 EL Erdbeerpüree zufügen und mit der Gelatine verrühren. Gemeinsam mit dem Rest des Pürees unter die Schmandmasse rühren.
Sahne unterheben, auf der Torte verteilen und glatt streichen.

Für das Gelee den Sirup mit dem Zucker und dem Saft erwärmen. Eingeweichte und ausgedrückte Gelatine darin auflösen. Kurz auskühlen lassen und esslöffelweise auf der Torte verteilen.

Alles mindestens 3 Stunden kühl stellen!

*Ich finde es herrlich, wenn im Früh-
ling die Obstbäume blühen. Alles
sieht dann einfach so wunderschön
aus. Besonders die Kirschblüten
haben es mir angetan! Und zwangs-
läufig denke ich dabei immer an
Japan und an Sakura!*

sommer

Lange Grillabende und Feste feiern mit vielen lieben Gästen — darauf freue ich mich im Sommer am meisten! Man kann es sich im Garten gemütlich machen und auch schnell einmal ein spontanes Picknick veranstalten.

Ganz besonders liebe ich es, an den Mohn- und Weizenfeldern entlang zu spazieren. Diese Augenblicke bedeuten für mich Sommer pur. Und wenn die Sonne so richtig vom Himmel lacht, dann bin ich voller Tatendrang. Und was gibt es Schöneres, als frisches Obst, Beeren und Blumen aus dem eigenen Garten oder vom Wochenmarkt zu holen und sofort zu kleinen Köstlichkeiten zu verarbeiten?

*Das Gute am Sommer ist, dass man es sich endlich
wieder draußen gemütlich machen kann,
mit einer Tasse Kaffee und süßen Leckereien.
Bei dieser Torte und den Cupcakes werden
Sommerfrüchte mit Kräutern kombiniert, alles
im Ombre-Stil — einem optischen Hingucker!*

OMBRE-TORTE ALIAS PFIRSICH-ROSMARIN-TORTE

(für eine 20er – 24er Springform)

4 Eier (nicht direkt aus dem
   Kühlschrank)
4 EL warmes Wasser
100 g Zucker
1 Pck. Vanillezucker
1 Prise Salz
70 g Mehl
70 g Speisestärke
1 TL Backpulver
50 g gemahlene Mandeln

200 ml Pfirsichsaft
1/2 Vanilleschote
100 g Zucker
4 Zweige Rosmarin
4 Pfirsiche

250 g Mascarpone
300 g Sahne
1 Pck. Bourbon-Vanillezucker
2 EL Sirup von den ein-
   gekochten Pfirsichen
2 EL Zucker

350 g Frischkäse
   (Doppelrahmstufe)
200 g Sahne
1 Pck. Bourbon-Vanillezucker
80 g Puderzucker
Lebensmittelpaste

Bereits am Vortag die Pfirsiche vom Kern lösen und in dünne Spalten schneiden. Pfirsichsaft mit Vanilleschote und dem ausgekratzten Mark, Zucker und Rosmarin aufkochen und ca. 10 Minuten köcheln. Abkühlen lassen und die Pfirsichspalten darin einlegen.

Eier trennen. Eigelbe mit Zucker, Vanillezucker, einer Prise Salz und dem Wasser sehr dickcremig schlagen. Mehl mit Speisestärke, Mandeln und Backpulver mischen. Alles in die Eigelbmasse sieben und unterrühren. Eiweiß steif schlagen und unter den Teig heben.

Den Teig bei ca. 180 Grad 20 Minuten backen. Anschließend auskühlen lassen. Im Anschluss den Boden in der Mitte einmal waagrecht durchschneiden. Die eingelegten Pfirsiche abtropfen lassen, dabei aber den Sirup auffangen. Die Pfirsichspalten auf dem unteren Biskuitboden verteilen.

Sahne mit Vanillezucker steif schlagen. Mascarpone mit Zucker und 2 EL Sirup von den eingekochten Pfirsichen cremig rühren. Sahne unterheben und auf den Pfirsichen verteilen.
Zweiten Tortenboden darauflegen und alles im Kühlschrank ca. 2 Stunden kühlen.

Für das Frosting die Sahne mit dem Vanillezucker steif schlagen. Frischkäse mit gesiebtem Puderzucker cremig schlagen. Sahne unterheben. Die Creme in 3 – 4 verschiedene Schüsseln aufteilen. Die Creme in der ersten Schüssel so belassen, die anderen mit Lebensmittelpaste unterschiedlich stark einfärben, sodass man verschiedene Farbabstufungen erhält. Unbedingt darauf achten, dass die Färbung nicht zu intensiv wird. Lebensmittelpaste färbt sehr stark, darum lieber etwas vorsichtiger beginnen.
Den oberen Teil der Torte mit der Creme ohne Färbung einstreichen, in der Mitte die schwächere Färbung auftragen und zum Schluss die intensivste Farbe. Auf diese Weise entsteht ein sehr schöner Farbverlauf.

TIPP

Tassel-Girlande

Zuerst einen Streifen Seide, ca. 10 x 14 cm, abschneiden. Diesen einmal falten, sodass er 14 cm lang und 5 cm breit ist.
An der offenen Seite jeweils nach einem halben Zentimeter einschneiden, an der gefalteten Seite ca. 1 1/2 cm freilassen.
Anschließend den Streifen aufklappen und ca. 1/2 cm breit aufrollen. Fest streifen und in der Mitte falten. Zum Schluss die Schnur durchfädeln und mit einem Stück Masking Tape fixieren.

MATERIAL

* Japanseide oder
  Krepppapier in verschie-
  denen Farben
* Masking Tape
* Schere
* Schnur

Die Anleitung für die Blume ist dieselbe wie bei der Himbeer-Charlotte, hier wird allerdings noch das Innere der Blüte gestaltet: Dafür einen Streifen Papier (7 cm breit, 10 cm lang) ausschneiden, einmal in der Mitte falten und an der nicht gefalteten Seite sehr dünne Streifen einschneiden (ca. alle 3–4 mm). Mit Heißkleber an einem Holzstäbchen befestigen und eng aufrollen. Danach wie bei der Blüte auf Seite 57 fortfahren.

THYMIAN-ZITRONEN-CUPCAKES
MIT GLASIERTEN NEKTARINEN

(für 12 Stück)

100 g Mehl
1 TL Backpulver
1 Prise Salz
100 g Zucker
50 g Mandeln
150 g Butter
2 TL frischer Thymian
3 Eier
1 EL Abrieb einer Bio-Zitrone
1 EL Milch

350 g Frischkäse (Doppel-
    rahmstufe)
1 TL Honig
1 EL Zitronensaft
70 g Butter
100 g Puderzucker

1 EL zimmerwarme Butter
2 Zweige Thymian
1/2 Vanilleschote
2 Nektarinen
2 EL Honig

Butter mit Zucker und einer Prise Salz schaumig schlagen. Eier nach und nach zugeben und cremig rühren. Mehl, Mandeln und Backpulver mischen und unter die Eimasse rühren.
Blättchen von den Thymianzweigen streifen und mit dem Abrieb der Zitrone sowie der Milch zur Masse geben. Alles unterrühren. Telg in einem mit Muffinförmchen ausgelegtem Muffinblech verteilen.
Alles bei 180 Grad ca. 20 – 25 Minuten backen.

Für das Frosting 350 g Frischkäse mit dem Handrührgerät cremig rühren. Honig, Zitronensaft, zimmerwarme Butter und gesiebten Puderzucker zugeben und ebenfalls cremig rühren.
In einen Spritzbeutel mit Sterntülle geben und damit die Cupcakes verzieren.

Die Nektarinen entkernen und in Spalten schneiden. Butter in einer Pfanne zerlassen, 2 Zweige Thymian zugeben und das Mark einer halben Vanilleschote. Nektarinen zugeben und kurz andünsten. Mit Honig überträufeln und karamellisieren. Je eine Nektarinenspalte auf einem Cupcake verteilen und mit etwas Soße beträufeln.

Ombre-Servietten

Meinen Tisch habe ich mit Rosen und Pfingstrosen in verschiedenen Rosa- und Apricottönen dekoriert. Das Geschirr ist passend dazu ausgewählt, ebenso die Mason-Gläser. Die Servietten sind so eingefärbt, dass der gleiche Ombre-Effekt wir bei der Torte entsteht.

Die Stofffarbe nach Packungsanweisung anrühren. Servietten zuerst nur ca. 3 cm tief in die Farbe tauchen und ungefähr 10 Minuten so belassen. Im Anschluss etwas tiefer in die Farbe tauchen, ca. weitere 5 cm, und ebenfalls ca. 10 Minuten so belassen. Die Prozedur noch zweimal wiederholen und zum Schluss die Serviette komplett für 5 Minuten in der Farbe ziehen lassen. Die Teller werden mit selbst gebastelten Seidenblumen geschmückt.

MATERIAL

* weiße Leinen- oder Baumwollservietten
* Stofffarbe

Diese Torte ist ein richtiger Augenschmaus und das Beste daran ist, man braucht sie nicht zu backen. Aus diesem Grund ist die Charlotte ideal für heiße Sommertage!

HIMBEER-CHARLOTTE MIT BISCUITS 'ROSE DE REIMS' (für ca. 12 Stück)

12 Stück Biscuits ‚rose de reims‘
3 EL Grand Marnier
500 g Himbeeren (frisch oder tiefgekühlt)
250 g Mascarpone
200 g Sahne
2 EL Limettensaft
75 g Zucker
1 Pck. Bourbon-Vanillezucker
7 Blatt Gelatine
1 TL Abrieb einer Bio-Limette

350 g gemischte Beeren (Himbeeren, Heidelbeeren, Johannisbeeren, Erdbeeren)

Himbeeren pürieren und durch ein Sieb streichen. Das Mark dabei auffangen.
Mascarpone mit Limettenabrieb, Zucker, Vanillezucker und Limettensaft cremig rühren.
Das Himbeermark unterrühren. Die Sahne steif schlagen und unterheben.
Gelatine in kaltem Wasser 10 Minuten einweichen, anschließend ausdrücken und in einem kleinen Topf erwärmen. Zunächst etwas Sahnecreme zur Gelatine geben und schließlich die gesamte Gelatine unter die Creme rühren.

Eine kleine Springform (ca. 16 – 18 cm) mit Backpapier auslegen.
Tipp: Wer keine kleine Springform zur Hand hat, kann auch einen Tortenring auf die entsprechende Größe einstellen und diesen in eine größere Springform stellen.
Biscuits mit der ungezuckerten Seite kurz in den Grand Marnier tauchen und damit die Ränder der Form auskleiden.
In die Mitte vorsichtig die Creme einfüllen.
Für ca. 8 Stunden kalt stellen, am besten über Nacht auskühlen lassen. Wenn alles fest ist, den Tortenring entfernen und mit Beeren garnieren.

Blumenschmuck
Für diese Blume benötigt man ca. 6 – 8 Lagen Seidenpapier. Aus diesen jeweils Quadrate von 5 cm ausschneiden. Die Quadrate werden übereinandergelegt und zweimal in der Mitte gefaltet, sodass ein kleineres Quadrat entsteht. Das Papier am Falzrand festhalten und eine Blüte aus dem Quadrat schneiden. Diese auseinanderfalten und das Holzstäbchen durchstechen. Oben mit einem Klecks Kleber fixieren und fest andrücken. Die Blütenblätter schön auseinanderzupfen.
Diese Blume gleicht im Wesentlichen der der Ombre-Kaffeetafel (siehe S. 52 f.).

siehe S. 52 f.

MATERIAL

* Japanseide oder Seidenpapier, mindestens 2 verschiedene Farben
* Heißklebepistole
* Holzstäbchen
* Schere

Gerade wenn die Freiluftsaison beginnt, häufen sich Feiern und Festlichkeiten. Auch bei uns gibt es gelegentlich Grund für besondere Events. Und da liegt man, wie ich finde, mit einem Farbkonzept in Weiß und Gold immer richtig – gold-richtig!

Als Kuchenbuffet habe ich eine altes Schränkchen, das normalerweise in unserem Wohnzimmer steht, nach draußen gebracht. Die Schubladen bieten ausreichend Platz für einige Saftflaschen und obenauf stehen die süßen Leckereien.

BEEREN-GRIESS-TORTE
(für eine 20er – 24er Springform)

4 Eier
200 g Weichweizengrieß
1/2 Vanilleschote
50 g Marzipan
100 g Mehl
1 TL Backpulver
150 ml Milch
140 g Butter
120 g Zucker
Abrieb von 1/2 Bio-Zitrone

400 g gemischte Beeren
 (Brombeeren, Heidelbeeren,
 Himbeeren)

400 g Sahne
1 Pck. Bourbon-Vanillezucker
3 EL Zucker
1 EL Zitronensaft

250 g Ricotta
1 Pck. Bourbon-Vanillezucker
50 g Puderzucker
120 g zimmerwarme Butter

100 g Kirschen
Zuckerperlen
weiße Kuvertüre oder weiße
 Candy Melts

Butter mit Zucker und dem Vanillemark schaumig rühren. Eier zugeben und cremig schlagen. Marzipan grob reiben und unterrühren. Mehl, Grieß und Backpulver mischen und in die Masse rühren. Milch und Zitronenabrieb hinzufügen und alles in eine mit Backpapier ausgelegte Springform geben. Bei 180 Grad ca. 40 Minuten backen.

Abkühlen lassen und den Boden im Anschluss einmal waagrecht durchschneiden. Beeren auf dem unteren Teil verteilen, aber ca. 100 g für die Verzierung zurücklassen.

Sahne mit Zucker und Vanillezucker steif schlagen. Zitronensaft unterrühren. Alles auf den Beeren verteilen. Den zweiten Tortenboden darauf setzen und für ca. 2 Stunden im Kühlschrank kalt stellen.

Ricotta mit Vanillezucker, Butter und gesiebtem Puderzucker cremig rühren und die Torte damit auskleiden. Die restlichen Beeren sowie die weißen Zuckerperlen dienen zur Verzierung.

Zusätzlich kann man Kirschen in geschmolzene weiße Kuvertüre oder weiße Candy Melts tauchen und ebenfalls oben auf die Torte geben. Damit verleiht man der Torte das gewisse Etwas.

Cake Pops

Außerdem stehen auf unserem Buffettisch noch ein paar weiße Cake Pops. Diese habe ich in geschmolzene weiße Candy Melts getaucht und mit goldenem Streuzucker verziert. An die Stiele werden mit goldenem Masking Tape kleine Fähnchen geklebt, die sich auch an den Strohhalmen wiederfinden.
Das Rezept ist bei „Kuchen am Stiel" (siehe S. 96) zu finden – einfach die Glasur und die Deko entsprechend ändern, schon passen die Cake Pops zum Traum in Weiß und Gold.

Auf den Tischen dienen kleine Saftglasflaschen und Einweckgläser, die mit weißem Acryllack besprüht sind, als Blumenvasen. Passend zum Farbschema finden sich darauf Kreise aus goldener Dekorfolie – einfach ausschneiden, aufkleben, fertig.

MATERIAL

* kleine Glasflaschen und
  Einweckgläser
* goldene Dekorfolie
* weißer Acryl-Sprühlack

TIPP

Die Anleitung für die Origami-Blüten, die ich als Toppers verwendet habe, gibt es im Internet (siehe S. 160).

WEISSE SCHOKOLADEN-CUPCAKES MIT ROSENWASSER-FROSTING
(für 12 Stück)

2 Eier
$^1/_2$ Vanilleschote
175 g Mehl
1 TL Backpulver
80 g Zucker
50 g weiße Schokolade
125 g Butter
Prise Salz
2 EL Milch

70 g Butter
350 g Frischkäse (Doppelrahmstufe)
80 g Puderzucker
1 Pck. Vanillezucker
5 – 7 Tropfen Rosenwasser

goldener Streuzucker

Butter mit Zucker und einer Prise Salz schaumig schlagen. Eier zugeben und cremig rühren.
Weiße Schokolade fein reiben. Mit Mehl und Backpulver mischen und unter die Eimasse rühren. Milch zugeben. Muffinblech mit Muffinförmchen auslegen und den Teig darin verteilen.

Alles bei 180 Grad ca. 20 – 25 Minuten backen, anschließend auskühlen lassen.

Für das Frosting die Butter mit Frischkäse und gesiebtem Puderzucker sowie Vanillezucker und Rosenwasser sehr cremig rühren.
Alles in einen Spritzbeutel mit Lochtülle füllen und die Cupcakes damit verzieren. Zum Schluss ein Rosenblatt und goldenen Streuzucker auf die Küchlein setzen. Alternativ kann man auch Origiami-Blüten aus weißem Papier falten, auf kleine Holzspieße stecken, mit etwas Kleber fixieren und damit die Cupcakes schmücken.

Bäumchen-Toppers

Als Toppers für die Tartelettes habe ich kleine Bäumchen gebastelt.

Dafür aus Tonpapier oder braunem Filz je zwei größere und zwei kleinere Dreiecke ausschneiden.

Auf ein kleines Dreieck einen Klecks Heiß- oder Bastel- kleber geben und den Zahn- stocher daran festkleben.

Das andere kleine Dreieck darauf drücken, sodass man den Zahnstocher nicht mehr sieht.

Darunter das Gleiche mit den zwei größeren Dreiecken wiederholen.

MATERIAL

* Tonpapier oder Filz in ver- schiedenen Brauntönen
* Zahnstocher
* Heißklebepistole oder Bastelkleber
* Schere

Auf die Kirschernte freue ich mich im Sommer immer sehr. Wir haben leider keinen eigenen Kirschbaum im Garten, werden aber von lieben Freunden damit versorgt.

KIRSCH-MARZIPAN-GUGLS
(für 12 Stück)

100 g Kirschen
2 Eier
40 g Marzipan
50 g Zucker
1 Pck. Bourbon-Vanillezucker
1 EL Kirschwasser
50 g gehackte Mandeln
80 g Mehl
½ TL Backpulver
100 g Butter

Butter mit Zucker und Vanillezucker schaumig rühren.
Eier zugeben und cremig rühren. Mandeln mit Mehl und
Backpulver mischen und unterheben.

Das Marzipan grob reiben, die Kirschen in kleine Stücke
schneiden. Beides zusammen mit 1 EL Kirschwasser in
den Teig rühren und diesen anschließend in gefettete
Miniguglformen geben.
Bei 180 Grad ca. 25 Minuten backen.

SCHWARZWÄLDER-KIRSCH-TARTELETTES
(für 8 Tartelettes oder eine 24er Tarte)

100 g kalte Butter
70 g Puderzucker
½ Vanilleschote
1 Prise Salz
1 Ei
200 g Mehl
20 g Kakao

Butter und Puderzucker mit dem Mark der ½ Vanilleschote,
einer Prise Salz, 1 Ei, Mehl und Kakao gemeinsam in eine
Schüssel geben und zu einem glatten Mürbteig verkneten.
Diesen 1 Stunde im Kühlschrank ruhen lassen.

Danach den Teig ca. 3 mm dünn ausrollen und in gefettete
Tartelette- oder eine gefettete Tarteform geben. Die Böden
ca. 10 Minuten bei 180 Grad blind backen.

200 g Mascarpone
1 Pck. Bourbon-Vanillezucker
3 EL Zucker
100 g Sahne
1 TL Kirschwasser

Für die Creme die Sahne mit 3 EL Zucker steif schlagen.
Mascarpone mit Bourbon-Vanillezucker und Kirschwasser
glatt verrühren. Zum Schluss die Sahne unterheben.
Die Kirschkuvertüre auf den Böden verstreichen. Danach
die entkernten und halbierten Kirschen darauf verteilen.
Mit der Creme abschließen.

200 g Kirschen
3 EL Kirschkonfitüre

ca. 8 Kirschen
50 g Zartbitterkuvertüre

Für die Dekoration die Zartbitterkuvertüre im heißen Wasserbad erwärmen, die Kirschen zur Hälfte hineintauchen und
abtropfen lassen. Je eine Kirsche auf eine Tartelette geben.

*Als Kuchenplatte habe ich übrigens eine
Scheibe eines Baumstamms verwendet.
Ich fand das eine witzige Idee!*

HEIDELBEER-PIE
(für eine 20er – 24er Springform)

250 g Mehl
1 Prise Salz
150 g kalte Butter
  (gewürfelt)
70 ml kaltes Wasser
1 EL Puderzucker

500 g Heidelbeeren
2 EL brauner Zucker
2 EL Speisestärke
1 EL Zitronensaft
1 Vanilleschote

1 Eigelb
1 EL Milch

Mehl, Salz und Puderzucker zusammen mit der kalten Butter und dem Wasser in eine Schüssel geben und zu einem glatten Teig kneten. Diesen ca. 1 Stunde im Kühlschrank ruhen lassen.

Den Teig anschließend ca. 3 mm dünn ausrollen und in einer mit Backpapier ausgekleideten und an den Rändern gefetteten Springform auslegen.

Für die Füllung die Heidelbeeren mit dem Zucker, der Speisestärke, Zitronensaft und dem Mark einer Vanilleschote verrühren und in die Form geben.

Aus dem übrig gebliebenen Teig Streifen schneiden und Sterne ausstechen. Diese auf der Pie im Wechsel auslegen.

Das Eigelb mit der Milch verquirlen und mit einem Pinsel auf der Pie auftragen.

Für ca. 45 Minuten bei 180 Grad in den Ofen geben. Wenn die Kruste oben zu braun wird, mit Alufolie abdecken.

Noch warm servieren.

Dazu schmeckt am besten eine Kugel Vanilleeis!

Heidelbeeren finde ich besonders lecker. Ich freue mich immer sehr auf den Juli, wenn sie Saison haben. Und diese Heidelbeer-Pie, die ursprünglich aus Amerika stammt, habe ich passend dazu in ein Stars-and-Stripes-Gewand gesteckt.

GLAMOURÖSER AUFTRITT FÜR FLASCHEN UND GLÄSER

Ich liebe die Fülle an Blumen, die der Sommer mit sich bringt. Sie eignen sich hervorragend für ein Arrangement mit alten Glasflaschen, die als Vasen einen neuen, glamourösen Auftritt bekommen. Auch alte Apothekergläser, die man häufig auf Flohmärkten findet, eignen sich perfekt für diesen Zweck.

Mir gefällt es immer am besten, wenn in jeder Flasche nur eine einzelne Blume dekoriert ist, dann wirkt es nicht überladen. Ein besonderes Detail sind kleine Papieranhänger, auf denen die Namen der jeweiligen Blumen stehen. Für eine möglichst gleichmäßige Schrift, schreibe ich die Namen am Computer vor und übertrage sie anschließend mit Pauspapier auf die Anhänger.

VASEN UND TEELICHTER

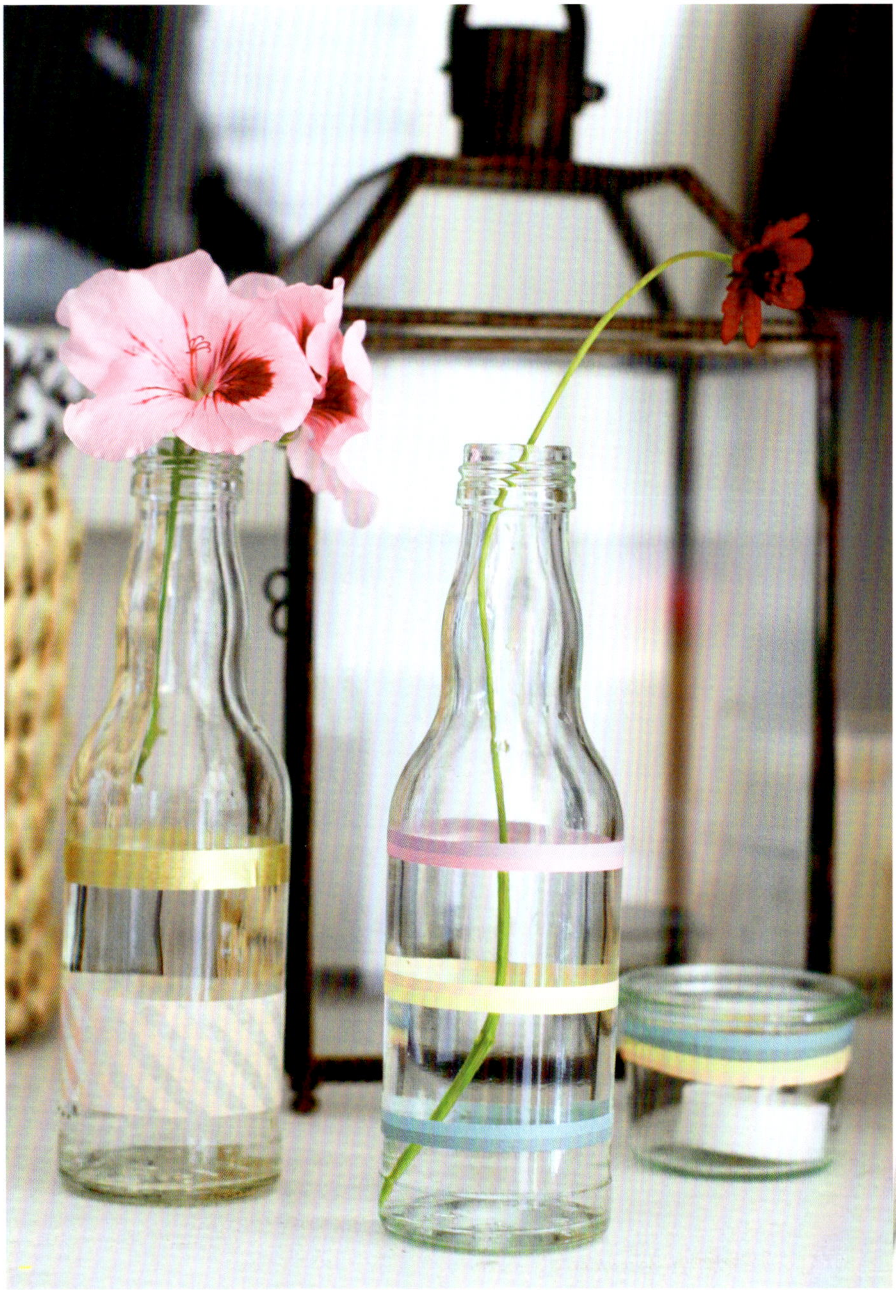

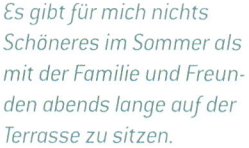

Es gibt für mich nichts Schöneres im Sommer als mit der Familie und Freunden abends lange auf der Terrasse zu sitzen.

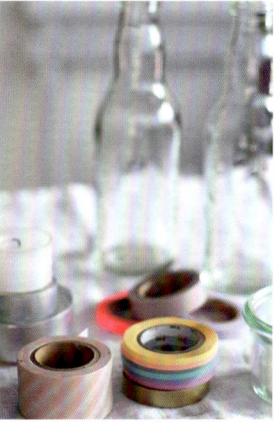

Um etwas Stimmung zu zaubern, stelle ich bei diesen Gelegenheiten gern Teelichter auf, die mit Masking Tapes beklebt sind. Dafür einfach verschieden große Teelichter verwenden und mit unterschiedlich breiten Tapes dekorieren.

MATERIAL

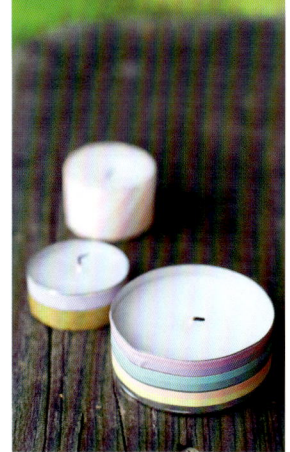

* Glasflaschen
* Teelichter
* Masking Tapes

TIPP

Auch einfache Saftglasflaschen kann man auf diese Weise schnell in schöne Blumenvasen verwandeln.

Wenn das Wetter mitspielt, veranstalten wir draußen auch gern einmal ein Picknick, anstatt am Tisch zu sitzen. Mit Decken und vielen Kissen machen wir es uns auf dem Rasen so richtig gemütlich. Eine alte Holzkiste dient uns dabei als Tisch.

APRIKOSEN-PINIENKERN-TARTE
(für eine 24er Tarte oder 8 Tartelettes)

30 g Pinienkerne
  (ersatzweise Mandeln)
100 g kalte Butter
70 g Puderzucker
1 Ei
200 g Mehl
1/2 Vanilleschote

100 g weiße Schokolade
250 g Crème fraîche
100 g Sahne
1/2 Vanilleschote
2 EL Zucker

400 g Aprikosen
1 EL Zucker
20 g Pinienkerne

Eigelb

Pinienkerne (30 g) rösten und mahlen. Ersatzweise kann man auch gemahlene Mandeln benutzen.
Gemahlene Pinienkerne mit Mehl und dem Mark der Vanilleschote verrühren. Ei, kalte Butter und Puderzucker zugeben und alles zu einem glatten Mürbteig verarbeiten. Für ca. 1 Stunde im Kühlschrank kalt stellen.

Den Teig ca. 3 mm dünn ausrollen und in die gefetteten Tarteformen legen. Wenn Teig übrig bleibt, kann man daraus mit kleinen Blütenausstechern noch einen schönen Rand gestalten.

Schokolade im heißen Wasserbad schmelzen. Die Sahne mit dem Mark der 1/2 Vanilleschote steif schlagen. Crème fraîche mit 2 EL Zucker glatt rühren, die geschmolzene Schokolade unterrühren. Zum Schluss die Sahne unterheben und auf der Tarte verteilen.

Aprikosen entsteinen und vierteln, ebenfalls auf der Tarte verteilen. Eigelb verquirlen und den Rand damit bestreichen. 1 EL Zucker darüber streuen und für 20 Minuten bei 180 Grad in den Ofen geben. In den letzten 10 Minuten der Backzeit die restlichen Pinienkerne (20 g) über die Tarte streuen und noch mitbacken.

BROMBEER-LAVENDEL-CUPCAKES
(für 12 Stück)

200 g Butter
3 Eier
180 g Zucker
1 Pck. Vanillezucker
250 g Mehl
1 TL Backpulver
250 g Brombeeren
2 EL Milch
3 Lavendelstängel
  (oder 1 EL getrocknete
  Lavendelblüten)

350 g Frischkäse
75 g zimmerwarme Butter
100 g Puderzucker
1 Pck. Bourbon-Vanille-
  zucker

100 g Brombeeren pürieren und durch ein Sieb streichen. 12 Brombeeren von den restlichen 150 g für die Deko zurückbehalten.
Die Milch erwärmen und die Lavendelstängel ca. 10 Minuten darin ziehen lassen. Stängel danach wieder entfernen.
Butter mit Zucker und Vanillezucker verrühren. Eier zugeben und zu einer cremigen Masse schlagen. Das Brombeerpüree untermischen.
Das Mehl mit dem Backpulver mischen und unterheben. Restliche Brombeeren zugeben. Zum Schluss die Lavendelmilch ebenfalls unterrühren.

Muffinblech mit Förmchen auslegen und mit dem Teig befüllen. Alles bei 180 Grad ca. 20 – 25 Minuten backen.

Frischkäse mit Butter, gesiebtem Puderzucker und Vanillezucker cremig rühren. In einen Spritzbeutel mit Sterntülle füllen und die Cupcakes damit verzieren.

Als Dekoration habe ich durch die 12 zurückgehaltenen Brombeeren einen Lavendelstiel gesteckt und das Arrangement auf den Cupcakes dekoriert.

BROMBEER-PINIENKERN-EIS MIT WEISSER SCHOKOLADE (für 4 – 6 Portionen)

100 g weiße Schokolade
200 ml Milch
400 g Sahne
1 Pck. Bourbon-Vanille-
  zucker
250 g Brombeeren
30 g geröstete Pinienkerne

Die Milch zusammen mit der Schokolade erhitzen und solange rühren, bis sich die Schokolade aufgelöst hat. Im Anschluss abkühlen lassen.
Die Pinienkerne rösten. Brombeeren pürieren (50 g zurückbehalten) und durch ein Sieb streifen. Das Püree anschließend unter die erkaltete Schokoladenmilch mischen.
Die Sahne mit dem Vanillezucker steif schlagen und ebenfalls unter die Milch heben. Nun die übrigen Brombeeren sowie die Pinienkerne unterrühren.

Die Masse in eine mit Frischhaltefolie ausgekleidete Kastenform füllen und ca. 5 – 6 Stunden ins Gefrierfach geben.

DO NOT DWELL IN THE *past*
DO NOT DREAM IN THE *future*
CONCENTRATE YOUR MIND ON THE
present moment

Essbare Mohnblüten

Den roten Fondant weich kneten (wahlweise kann er auch mit Lebensmittelpaste eingefärbt werden) und zwischen zwei Lagen Frischhaltefolie ca. 2 mm dünn ausrollen. Mit Ausstechern zwei unterschiedlich große Kreise ausstechen, diese in der Hand zu Mohnblüten formen, die kleine Blüte in die große setzen und leicht andrücken. Mithilfe eines Pinsels Zuckerwasser in die Mitte geben und Mohnsamen hineinstreuen. Die Blüten ca. einen Tag aushärten lassen.

Die Löffel sind Fundstücke vom Flohmarkt. Um ihnen das gewisse Etwas zu verleihen, sind die Löffelstiele mit weißem Acryl-Sprühlack eingefärbt.

MATERIAL

* Löffel
* Acryl-Sprühlack

Es sieht einfach herrlich aus, wenn auf den Feldern und Wiesen der Mohn blüht. Meistens bin ich dann nicht mehr zu halten und fahre mit meinen Kindern und dem Fotoapparat los, um die üppige Pracht zu genießen. Danach backen wir dann gern Leckereien mit Mohn – passend zu unserem Ausflug!

MOHNGUGLS
(für 18 Stück)

80 g gemahlene Mandeln
120 g Mohn
180 g Zucker
250 g Butter
4 Eier
1 Vanilleschote
1 EL Abrieb einer Bio-Zitrone
50 g Mehl
1 TL Backpulver

Puderzucker
Vanillezucker

Butter mit Zucker schaumig schlagen. Die Eier hinzufügen und cremig rühren. Das Mark der Vanilleschote und 1 EL Zitronenzesten hinzufügen. Idealerweise 80 g Mohn mahlen. Die restlichen 40 g Mohn zusammen mit dem gemahlenen, den Mandeln, Mehl und Backpulver vermischen und alles unter die Eimasse rühren. Den Teig in gefettete Miniguglförmchen oder eine große Guglhupfform geben.
Die Minigugls bei 180 Grad ca. 30 Minuten backen, für die große Form bei 180 Grad ca. 60 Minuten. Die Gugls ein wenig abkühlen lassen und danach mit einer Mischung aus Puder- und Vanillezucker bestäuben.

In unserem Garten haben wir einige Johannisbeersträucher gepflanzt, sowohl rote als auch weiße. Und die Ernte wird jedes Jahr zu köstlichen Leckereien verarbeitet!

JOHANNISBEERGUGLS
(für 12 Stück)

100 g Johannisbeeren
50 g gemahlene Mandeln
50 g weiße Schokolade
120 g Butter
2 Eier
1 Pck. Bourbon-Vanillezucker
80 g Zucker
2 EL Orangensaft
120 g Mehl
1 TL Backpulver

evtl. Zuckerguss

Butter mit Zucker und Vanillezucker schaumig schlagen. Die Eier hinzufügen und cremig rühren. Die Schokolade fein reiben und unterheben. Mandeln mit dem Mehl und dem Backpulver vermischen und unter die Eimasse rühren. Zum Schluss die Johannisbeeren verlesen und mit 2 EL Orangensaft untermischen.

Den Teig in gefettete Miniguglförmchen geben und alles bei 180 Grad ca. 20 Minuten backen. Die Gugls ein wenig abkühlen lassen und je nach Belieben mit Zuckerguss verzieren.

Die Gläser sind mit witzigen Bärten beklebt: Einfach die Umrisse auf schwarze Dekorfolie zeichnen, ausschneiden und aufkleben (siehe auch S. 30 u. S. 154).

Papierblumen-Toppers

Für eine Blüte benötigt man 3 Papierförmchen. Papierförmchen an der Seite ein- und den Boden herausschneiden. Die Ränder ca. alle 7 mm einschneiden. Der Schnitt sollte ca. 2 mm tief sein. An ein unteres Ende einen Klecks Heißkleber geben und sofort den Zahnstocher daran festkleben. Nun am Zahnstocher den Förmchenstreifen aufrollen und alle paar Zentimeter mit Kleber fixieren. Das gleiche mit den anderen beiden Streifen wiederholen. Zum Schluss das eine Ende wieder mit Kleber fixieren. Die Blüten etwas auseinanderzupfen – fertig!

MATERIAL

* Muffin-Papierförmchen
* Zahnstocher
* Heißklebepistole
* Schere

In unserem Garten haben wir sehr viele Johannisbeersträucher – rote und weiße. Meine Töchter picken sich gern ein paar davon ab. Geschmacklich gibt es bei den Sorten keinen großen Unterschied.

ZITRONEN-MOHN-KUCHEN MIT JOHANNISBEEREN

(für eine 2 Ser Kastenform)

220 g Butter
175 g Zucker
1 Pck. Vanillezucker
4 Eier
1 – 2 Bio-Zitronen (1 große oder 2 kleinere)
2 EL Mohn
50 g gemahlene Mandeln
220 g Mehl
1 TL Backpulver
100 g weiße (oder rote) Johannisbeeren

Johannisbeeren für die Deko
Zuckerguss

Butter mit Zucker und Vanillezucker schaumig schlagen. Die Eier zugeben und cremig rühren. Mohn, Mandeln, Mehl und Backpulver mischen und unter die Eimasse rühren.
Abrieb der Zitrone(n) und den Saft untermengen. Johannisbeeren waschen, vorsichtig von den Rispen entfernen und unterheben.
Bei 180 Grad ca. 50 – 60 Minuten backen.

Abschließend mit Zuckerguss und Johannisbeeren verzieren.

Holunderblüten sind etwas Tolles. Ich freue mich jedes Jahr auf ihre Blüte. Sie lassen sich zu herrlichen Rezepten verarbeiten, aber vor allem natürlich zu Sirup. Wem das zu mühsam ist, der kann sich mittlerweile auch in fast jedem Supermarkt eine Flasche Holunderblütensirup besorgen.

HOLUNDERBLÜTEN-KÜCHLEIN
(für 12 Stück)

100 g Mehl
150 g Butter
2 Eier
50 g gemahlene Mandeln
1 TL Backpulver
75 g Joghurt (3,5 %)
2 EL Holunderblütensirup
1/2 Vanilleschote
80 g Zucker

Puderzucker

Sahne
Holunderblütensirup
Vanillezucker

Minze, Heidelbeeren

Butter mit Zucker schaumig schlagen. Eier zugeben und cremig rühren. Joghurt unterrühren und das Mark der ausgekratzten Vanilleschote dazugeben. Mehl mit Mandeln und Backpulver mischen und unterrühren. Den Teig mit Holunderblütensirup verfeinern, alles verrühren und in gefettete Muffinförmchen füllen.
Bei 180 Grad ca. 25 Minuten backen.

Abkühlen lassen. Mit Puderzucker bestäuben. Sahne mit Vanillezucker und einem kleinen Schuss Holunderblütensirup steif schlagen. Einen Klecks auf jedes Küchlein geben und mit Minzblättern und Heidelbeeren verzieren.

An den Geburtstagen meiner beiden
Töchter ist es mir immer eine besondere
Freude, den Tisch zu decken und origi-
nell zu dekorieren. Selbstverständlich
werden dabei — sofern das möglich
ist — alle Wünsche berücksichtigt.

RED-VELVET-TORTE
(für eine 20er – 24er Springform)

400 g Mehl
100 g Speisestärke
30 g Kakao
480 ml Buttermilch
230 g Butter
4 Eier
1 TL Bourbon-Vanillearoma
1 TL Backpulver
280 g Zucker
rote Lebensmittelpaste

400 g Sahne
250 g Mascarpone
1 TL Bourbon-Vanillearoma
80 g Puderzucker

Zuckerstreusel und Süßig-
keiten zur Deko

Butter mit Zucker schaumig schlagen. Eier zugeben und cremig rühren. Mehl, Speisestärke und Kakao mischen und untermengen. Buttermilch und Aroma einrühren.
Soviel rote Lebensmittelpaste zugeben, bis sich der Teig schön rot färbt.

Bei 180 Grad 50 – 60 Minuten backen.
Alles abkühlen lassen und waagrecht einmal durchschneiden.

Für das Frosting die Sahne steif schlagen. Mascarpone mit Aroma und Puderzucker cremig rühren. Sahne unterheben.
Ca. ⅓ der Masse auf den unteren Tortenboden geben. Den anderen Tortenboden darauflegen. Mit dem restlichen Frosting die komplette Torte einstreichen und zum Schluss mit Zuckerstreusel verzieren.

*Als Trinkgläser dienen leere, kleine Saftfla-
schen, die ich mit einem Streifen Geschenkpapier verziert habe.*

Tierische Platzkarten
Dieses Mal habe ich versucht, alles etwas bunter, überwiegend mit vielen Bonbonfarben, zu gestalten.
Aus diesem Grund schmücken Pappteller in verschiedenen Farben den Geburtstagstisch und als Tischkarten dienen weiß besprühte Plastiktiere. Jedes Kind bekommt ein anderes Tier.
Für die Namenskärtchen habe ich größere Kreise aus buntem Geschenkpapier und kleinere aus weißem Papier ausgeschnitten. Auf die weiße Variante sind mit Buchstabennudeln die Namen der Kinder aufgeklebt. Beide Papierkreise lochen und mit einem Band an den Tieren befestigen.

MATERIAL

* Plastiktiere
* weißer Acryl-Sprühlack
* Geschenkpapier
* weißes Papier
* Buchstabennudeln
  (Suppennudeln)
* Schere
* Kleber

Essbarer Blumenstrauß

Den Tisch habe ich mit einem Marshmallow-Blumenstrauß dekoriert.

Dafür zunächst Kuvertüre erwärmen, die Marshmallows auf Papierstrohhalme stecken und die Oberseite dünn mit der Kuvertüre bestreichen. Sofort mit bunten Schokolinsen belegen, sodass eine Blütenform entsteht.

MATERIAL

* Marshmallows
* Papierstrohhalme
* Kuvertüre
* bunte Schokolinsen

FUNFETTI-CUPCAKES MIT ZWEIERLEI FROSTING
(für 18 Stück)

220 g Butter
150 g Zucker
2 große Eier
1 Pck. Vanillezucker
300 g Mehl
1 TL Backpulver
1 Prise Salz
200 ml Milch
3 EL Zuckerstreusel

Butter mit Zucker und Vanillezucker sowie einer Prise Salz schaumig schlagen. Eier zugeben und cremig rühren.
Mehl mit Backpulver mischen und untermengen. Milch unterrühren und zum Schluss die Streusel unterheben.
Den Teig in Muffinbackförmchen füllen und bei 180 Grad ca. 20 – 25 Minuten backen.

Kleine Puddingförmchen, die mit frischen, leckeren Beeren gefüllt sind, stehen ebenfalls auf dem Tisch.

HIMBEER-FROSTING

350 g Frischkäse
  (Doppelrahmstufe)
100 g Puderzucker
100 g Himbeeren
  (frisch oder tiefge-
  kühlt)
50 g Butter
1 Pck. Vanillezucker

Himbeeren pürieren und durch ein Sieb streifen.
Frischkäse, Puderzucker, Himbeermark, weiche Butter und Vanillezucker zu einer cremigen Masse rühren.
In einen Spritzbeutel mit Sterntülle füllen und damit die Muffins
dekorieren.

MILKY-WAY-TOPPING

250 g Sahne
5 – 6 große Milky-Way-
  Riegel

Sahne erwärmen und die Schokoladenriegel vollständig darin
auflösen. Anschließend alles gut auskühlen lassen.

TIPP

Die Schokoladensahne am besten schon am Vortag zubereiten.
Sahne steif schlagen, in einen Spritzbeutel mit Lochtülle füllen und
auf die Cupcakes spritzen.

Alle Cupcakes mit Zuckerstreusel garnieren.

Bunte Girlande
*Das Kuchen- und Süßigkeiten-
buffet habe ich vor unserer
großen Tafelwand aufge-
baut, die dementsprechend
beschriftet und von mir mit
einer selbst gebastelten
Girlande verziert wurde.
Für die Girlande habe ich
wieder mein Geschenkpapier
verwendet: Einfach viele
verschieden gemusterte
Papiere kaufen, daraus unterschiedlich große Kreise
ausschneiden und diese mit
der Nähmaschine aneinan-
dernähen. An den Enden den
Faden ausreichend lang lassen, er dient zur Aufhängung
der Girlande.*

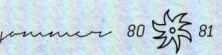

MATERIAL

* Geschenkpapier
* Schere
* Nähmaschine

*Die Naschereien des Buffets
werden in Popcornboxen serviert.
Außerdem habe ich auf Holzspießen abwechselnd frische Beeren
und verschiedene Gummibärchen
sowie Marshmellows im Wechsel
aufgesteckt.*

INGWER SHORTBREAD MIT ZITRONENSORBET

(für 12 Stück)

200 g Mehl
125 g kalte Butter
60 g Puderzucker
1 Prise Salz
1 TL gemahlener Ingwer
evtl. Lebensmittelpaste

800 ml Wasser
180 g Zucker
2 Bio-Zitronen

Alle Zutaten zu einem Mürbteig verkneten. Ggf. mit Lebensmittelpaste einfärben.
Den Teig für ca. 1 Stunde im Kühlschrank kalt stellen. Danach ca. 3 mm dick ausrollen und mit einer runden Ausstechform (ca. 7 cm Durchmesser) die Kekse ausstechen. Alternativ kann man die Kekse auch mit einem Keksstempel „stempeln" und mit dem Messer ausschneiden. Die Kekse bei 180 Grad ca. 8 – 10 Minuten backen. Abkühlen lassen.

Für das Sorbet Wasser mit Zucker ca. 4 Minuten sprudelnd kochen. Die Schale beider Zitronen abreiben und dazugeben. Weitere 10 Minuten köcheln lassen. Den Saft der beiden Zitronen hinzufügen und die Masse in eine Gefrierschüssel füllen. Abkühlen lassen und im Anschluss ins Gefrierfach stellen. Ca. 8 Stunden gefrieren lassen und dabei immer wieder mit einer Gabel umrühren!

Auf einen Keks eine Kugel Sorbet geben, ganz leicht andrücken und eine zweite Kekshälfte darauflegen. Ggf. das Sandwich noch einmal für ein paar Minuten ins Gefrierfach legen.

Eine erfrischende Idee für den Sommer sind kleine Kekssandwichs mit Sorbet in der Mitte. Damit das Ganze auch sommerlich aussieht und optisch ein Blickfang wird, habe ich unsere Kekse mit einem Keksstempel verziert und mit Lebensmittelpaste eingefärbt. So eignen sie sich für jede Gartenparty.

Aus Kaffeefiltern lassen sich sehr schöne Blumen herstellen, die noch dazu schnell gemacht sind und sehr dekorativ aussehen. Und färbt man sie mit Lebensmittelpaste ein, erhält man zudem wunderbare Farbeffekte.

Die Lebensmittelpaste in heißem Wasser auflösen und die Kaffeefilter mit der geöffneten Seite in die Farbe tauchen. Dafür auch gern etwas mehr Paste verwenden, dann ist die Färbung intensiver. Anschließend den Filter auf links wenden und im Zickzackmuster falten. Am besten verwendet man pro Blüte 2 – 3 Filtertüten. Alle Filter aneinanderlegen, die Enden eindrehen und mit einem 30 – 35 cm langen Stück Draht befestigen.

Die Enden knapp unter dem Draht abschneiden, mit Masking Tape umwickeln und den Draht auf die gewünschte Länge kürzen.

Sehr schöne Farbeffekte erzielt man auch, wenn die Filter in mehreren Etappen in die Farbe getaucht werden. Eintauchen, trocknen lassen, erneut eintauchen. Hierfür eignen sich auch verschiedene Farben – der Fantasie sind keine Grenzen gesetzt.

MATERIAL

* Schere
* Basteldraht
* Masking Tape
* weiße Kaffeefilter in verschiedenen Größen
* Lebensmittelpaste
* Schwamm

Selbst zubereitetes Eis ist im Sommer etwas sehr Leckeres. Und noch dazu, wenn es schnell und einfach zu machen ist. Bei uns kommen hier die Sorten „Aprikose" und „Himbeere" auf den Tisch, es lassen sich aber nahezu alle Beeren oder auch Steinobst zu Eis verarbeiten.

CHEESECAKE-EIS
(für ca. 4 – 6 Portionen)

200 g Sahne
200 g Schmand
175 g Frischkäse (Doppel-
    rahmstufe)
130 g Zucker
½ Vanilleschote
350 g Aprikosen oder
    Himbeeren

Die Sahne steif schlagen. Schmand mit Frischkäse, Zucker und dem Mark der halben Vanilleschote cremig rühren. Je nach Sorte die Aprikosen entsteinen und pürieren bzw. die Himbeeren pürieren und durch ein Sieb streichen.

Das jeweilige Püree unter die Frischkäsecreme rühren und die Sahne unterheben.

Alles in eine Form, zum Beispiel in eine mit Frischhaltefolie ausgelegte Kuchenform, füllen und für ca. 8 Stunden ins Gefrierfach stellen.

Eiswaffeln

Wir haben das Eis in Eiswaffeln gefüllt, die ich vorher verziert habe. Dazu weiße Candy Melts mit etwas Kokosfett im Wasserbad schmelzen, im Anschluss die Waffeln ca. 1 cm tief eintauchen und sofort mit Zuckerstreusel verzieren. Anstatt der Candy Melts eignet sich auch weiße Kuvertüre. Hier kann man auf das Kokosfett allerdings verzichten.

MATERIAL

* Eiswaffeln
* Candy Melts und Kokosfett
  bzw. weiße Kuvertüre
* Zuckerstreusel

herbst

Der Herbst ist mir die liebste Jahreszeit. Wenn sich das Laub langsam verfärbt und von den Bäumen fällt, macht es meiner Familie und mir am meisten Spaß, viel Zeit draußen zu verbringen. Dabei sammle ich mit meinen beiden Töchtern schöne Laubblätter, Eicheln, Kastanien und Co., aus denen wir zuhause allerhand basteln und dekorieren.

Aber auch wegen der Früchte, die man im Herbst kaufen kann, mag ich diese Jahreszeit besonders gern. Kürbisse, Maronen, Birnen, Quitten usw. – daraus lassen sich viele Köstlichkeiten backen.

Wir lieben Äpfel. Ganz besonders meine kleine Tochter isst sie sehr gern — und das in sämtlichen Variationen.

Da wir in unserem Garten leider keinen eigenen Apfelbaum haben, freuen wir uns natürlich umso mehr, wenn uns meine Freundin und unsere Nachbarn mit ganz vielen verschiedenen Sorten versorgen. Und bei der Ernte helfen wir auch immer gern mit!

Um mich für die geschenkten Äpfel zu bedanken, lade ich meine Freundin jedes Jahr nach der Ernte zum Nachmittagstee ein. Serviert werden dann natürlich ein paar Köstlichkeiten, die ich aus ihren Äpfeln gebacken habe!

PINK APPLE PIE

(für eine 20er Springform oder 6 Stück)

2 Rollen oder 2 Packungen
  Blätterteig
2 große Äpfel
150 g Himbeeren (tiefge-
  kühlt)
1 EL brauner Zucker
1 Pck. Vanillezucker
1 EL Semmelbrösel

Die Äpfel schälen, achteln und in kleine Stücke schneiden.
Die aufgetauten Himbeeren untermengen und Zucker und
Semmelbrösel hinzufügen. Alles gut miteinander verrühren.

Aus dem Blätterteig Kreise für den Boden und etwas kleinere
Kreise für den Deckel ausstechen.

Entweder kleine Pieförmchen einfetten und mit dem Blätterteig auslegen oder den Blätterteig in einen Piemaker geben.
Mit der Apfel-Himbeer-Füllung belegen und den Deckel daraufsetzen.

Im Backofen ca. 20 Minuten backen, im Piemaker ca.
12 Minuten.

APFEL-KARAMELL-CUPCAKES
(für 12 Stück)

125 g Butter
70 g Zucker
1 Pck. Vanillezucker
2 Eier
1 Pck. Backpulver
50 g gemahlene Mandeln
1 EL Kakao
1 Msp. Zimt
1 Msp. gemahlene Nelken
2 Äpfel

400 g Sahne
1 Pck. Bourbon-Vanillezucker
1 Prise Zimt

100 g Zucker
50 g Sahne
1 EL Butter

Zuerst die Karamellsoße zubereiten.
Dafür Zucker in einem hohen Topf schmelzen
lassen. Nicht umrühren!
Wenn der Zucker anfängt zu karamellisieren,
also wenn er hellbraun ist, die Butter einrühren
und gleich vom Herd ziehen.
Sahne einrühren und auskühlen lassen.

Butter mit Zucker und Eiern cremig schlagen,
Mehl, Backpulver, Mandeln, Kakao und Gewürze
mischen und unter die Eimasse heben. Äpfel
grob reiben und ebenfalls unterheben.
Bei ca. 180 Grad 20 – 25 Minuten backen.

Für das Frosting die Sahne mit dem Zucker und
dem Zimt steif schlagen. Ausgekühlte Cupcakes
mit Sahne und Karamellsoße verzieren.

RUSTIKALE TISCHDEKO

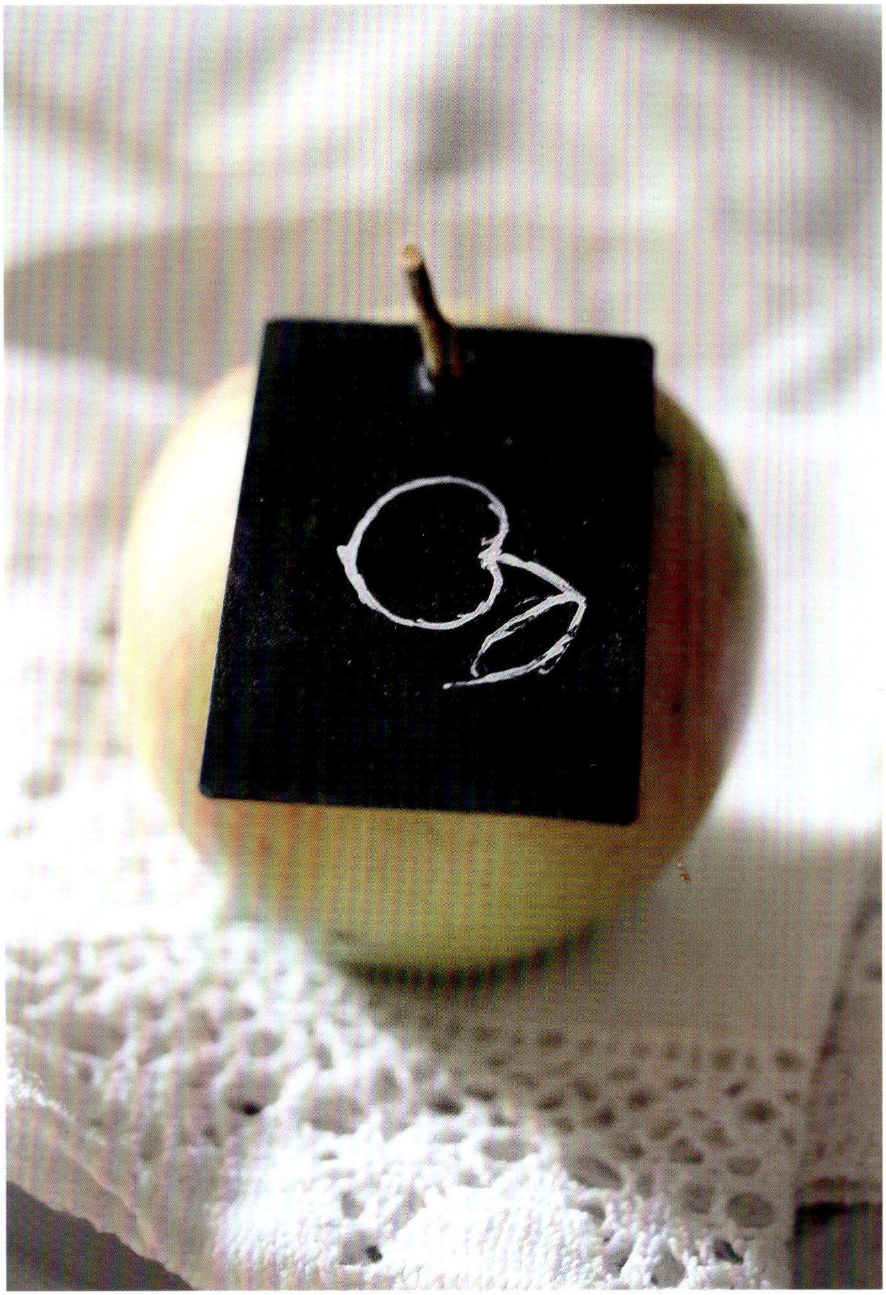

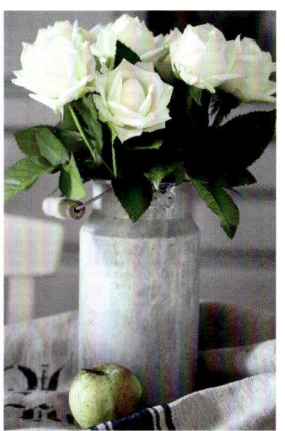

Apfelernte, das hat für mich etwas Rustikales und deswegen finde ich zum Beispiel einen alten Mehlsack als Tischläufer sehr passend. Die Milchkanne stammt vom Flohmarkt und wurde kurzerhand zur Blumenvase umfunktioniert. Und anstatt aus Tassen haben wir unseren Apfeltee aus kleinen Weckgläsern getrunken. Damit die Teebeutel nicht einfach lose auf dem Tisch liegen, habe ich sie noch schnell in kleine Tütchen verpackt.
Und natürlich dürfen auch Äpfel bei dieser Dekoration nicht fehlen! Ich habe jeden Apfel mit einer kleinen Tafel dekoriert, auf die jeweils ein Apfel gezeichnet ist. Dafür verwendet man am besten weißen Permanentmarker.

MATERIAL

* kleine Papiertütchen ca. 6,5 x 9 cm
* schwarze Tafelanhänger aus dem Bastelbedarf
* Mehlsack
* Weckgläser
* Milchkanne
* Permanentmarker

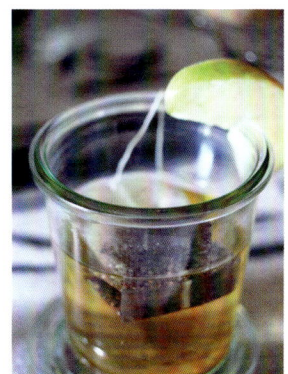

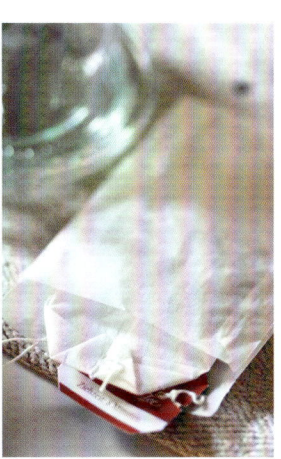

Meine beiden Mädels essen ihr Obst am liebsten, wenn es schön „verpackt" ist. Und da Äpfel, Schokolade und Kokos so herrlich zusammenpassen, habe ich mir eine Kleinigkeit für die beiden überlegt. Da das „Verpacken" auch noch schnell geht, ist diese Variante perfekt für uns geeignet.

SCHOKOLADENAPFEL

kleinere Äpfel
Schokoladenglasur oder Kuvertüre
Kokosflocken
Grenadinesirup

Für die Schokoladenäpfel nehme ich am liebsten kleinere Äpfel, da die Holzspieße darin besser halten. Diese steckt man einfach neben dem Stiel in den Apfel.

Danach erhitzt man entweder eine normale, dunkle Kuchenglasur oder Kuvertüre, bis sie geschmolzen ist. Ich verwende lieber die Glasur, weil sie einfacher zu handhaben ist.

Um dem Ganzen das gewisse Etwas zu verleihen, habe ich die Kokosflocken mit Grenadinesirup rosa eingefärbt. Am besten gibt man den Sirup teelöffelweise dazu, dann werden die Kokosflocken nicht zu klebrig.

Den aufgespießten Apfel also zuerst in die Glasur eintauchen und anschließend sofort in den eingefärbten Kokosflocken wälzen.

Fertig!

Und es wäre immerhin kein Schokoapfel von „Fräulein Klein", wenn es da nicht noch eine kleine Verzierung geben würde.

Hier habe ich mich für ein paar Fähnchen am Stiel entschieden.
Dafür aus Packpapier Fähnchen ausschneiden, bestempeln und mit Bastelkleber am Stiel befestigen.

MATERIAL

* Holzspieße
* Packpapier
* Stempelkissen
* Stempel
* Bastelkleber

KUCHENGLÜCK

Eichel-Toppers
Ich habe die Torte mit gesammelten Eicheln zusätzlich verziert.

In die Eicheln mit Akkubohrer kleine Löcher bohren und die Zahnstocher hineinstecken bis sie stabil sind. Evtl. mit Kleber fixieren.

MATERIAL

* Eicheln
* Zahnstocher
* Akkubohrer mit dünnem Bohrer
* evtl. Heißklebepistole oder Bastelkleber

Wenn man mich fragt, welcher Kuchen als Kind mein Lieblingskuchen war, dann kann ich darauf nur antworten: dieser Nusskuchen.

NUSSKUCHEN (für eine 20er – 24er Springform)

6 Eier
180 g Zucker
1 Pck. Vanillezucker
190 g gemahlene Hasel-
   nüsse
2 EL Semmelbrösel
   (Paniermehl)
1 TL Backpulver

400 g Sahne
2 Pck. Vanillezucker

Eier mit Zucker und Vanillezucker 8 – 10 Minuten sehr cremig schlagen. Nüsse mit Semmelbrösel und Backpulver mischen und unter die Eimasse heben.

In eine mit Backpapier ausgelegte und am Rand eingefettete Spring-form füllen.
Alles ca. 1 Stunde bei 175 Grad backen. Mit einem Holzstäbchen testen, ob der Kuchen fertig ist. Kuchen abkühlen lassen und in der Mitte waagrecht halbieren.

Sahne mit Vanillezucker steif schlagen und die Hälfte beiseitestellen. Die andere Hälfte der Sahne auf den Tortenboden geben und mit der zweiten Tortenhälfte bedecken.
Zum Schluss die Torte mit der übrigen Sahne bestreichen und mit gehackten Nüssen verzieren.

ZIMTROLLENKUCHEN (für eine 26er Springform oder 12 – 14 Stück)

1 Würfel Hefe (42 g)
75 g Zucker
1 Pck. Vanillezucker
1 Ei
500 g Mehl
60 g flüssige Butter
170 ml lauwarme Milch
1 Prise Salz
1 Prise Zimt
2 EL Quark

2 TL Zimt
50 g flüssige Butter
50 g Zucker

100 g Puderzucker
1 Pck. Vanillezucker
1 EL Milch

Zutaten zu einem Hefeteig verarbeiten, dabei einen Vorteig aus Mehl, Hefe, Zucker und lauwarmer Milch anfertigen. Diesen ca. 20 Minuten gehen lassen und die restlichen Zutaten hinzufügen.
Ca. 1 Stunde an einem warmen Ort gehen lassen, bis sich der Teig verdoppelt hat und diesen anschließend zu einem Viereck ausrollen.

Zutaten für die Füllung verrühren und auf dem Teig verteilen. Zusammenrollen, ca. 4 – 5 cm breite Stücke abschneiden und in einer Springform auslegen. Bei 180 Grad ca. 25 Minuten backen.
Kurz vor Ende der Backzeit aus der Milch, dem Vanillezucker und dem Puderzucker den Guss rühren und den Kuchen sofort nach dem Backen damit begießen.

Das Rezept ist sehr variabel. Man kann einfach nur Zimtschnecken backen und sie einzeln auf ein Backblech setzen oder so wie ich einen Kuchen daraus machen.

Cake-Toppers
Von den Masking Tapes ungefähr 5 – 6 cm lange Streifen abschneiden.
In die Mitte eines jeden Streifens je einen Zahnstocher legen und die andere Seite darüber falten und festdrücken. Mit einer Schere zu Fähnchen schneiden.

MATERIAL

* Masking/Washi Tapes
* Zahnstocher
* Schere

KUCHEN AM STIEL

Zuerst muss man einen Kuchen (nach Grundrezept, siehe S. 98) zubereiten. Das macht man am besten schon am Vortag. Der Kuchen wird dann zerkrümelt, bis nur noch lauter kleine Kuchenkrümel in der Schüssel sind.

Als nächstes benötigt man ein sogenanntes Frosting. Das wird unter die Krümel geknetet, bis eine glatte Masse entsteht.

Anschließend formt man die Kugeln. Um alle ungefähr gleich groß zu bekommen, habe ich einen Teelöffel als Messlöffel verwendet. Die Kugeln sollten alle schön fest werden und einen Durchmesser von ca. 3 – 3,5 cm haben. Das finde ich ideal.

Nach dem Formen müssen die Kugeln etwa 1 – 2 Stunden im Kühlschrank ruhen, da die Masse vom Kneten weicher geworden ist. Danach geht es weiter mit der Glasur.

Hierfür werden die Candy Melts, also die Glasurlinsen, geschmolzen. Bitte darauf achten, dass die Glasur nicht zu dickflüssig wird. Das passiert bei der Verwendung von Candy Melts schnell einmal. In diesem Fall einfach etwas Kakaobutter oder Palmkernöl zugeben, um die gewünschte Konsistenz zu erreichen. Eine dickflüssige Glasur lässt sich nur schwer auf die Cake Pops auftragen.

Wenn alles soweit vorbereitet ist, mit einem Stäbchen in die Glasur tunken, die Lollistäbchen eintauchen und in die Cake Pops stecken. Fest werden lassen. Die „Kuchen am Stiel" in die Glasur eintauchen oder diese mit einem Löffel darüber ziehen und abtropfen lassen. Gleich im Anschluss mit Streudekor verzieren.

Zum Trocknen steckt man die Cake Pops am besten in eine Styropormatte. Unbedingt darauf achten, dass diese dick genug ist. Nur wenn man die Stiele etwas weiter hineinstecken kann, haben die Cake Pops einen stabilen Stand und können optimal trocknen.

Bei den Eulen (siehe S. 99) habe ich noch Ohren angeklebt, bevor ich die Kugeln in die Glasur getunkt habe. Dazu verwendet man Schokotropfen. Einfach die Tropfen mit etwas Glasur am Kuchen „festkleben". Danach die restliche Glasur auftragen.

Wenn die Kuchenkugel getrocknet ist, werden Augen, Krallen und Nase ebenfalls mit einem kleinen Tropfen Glasur befestigt.

Cake Pops zu backen, das macht richtig Spaß!
Man kann seiner kreativen Seite dabei völlig
freien Lauf lassen.
Also haben wir uns an einem Samstagnachmit-
tag einmal Zeit genommen und die „Kuchen am
Stiel" ausprobiert. Dabei sind gleich ein paar
verschiedene Sorten entstanden.

GRUNDREZEPT VANILLEKUCHEN

180 g Mehl
120 g Butter
50 g Zucker
2 Eier
1 TL Vanilleextrakt oder
   -aroma
4 EL Milch
1 Prise Salz
2 TL Backpulver
evtl. Lebensmittelpaste

Butter mit Zucker schaumig schlagen. Eier, Salz und Vanille-aroma zugeben und weiterrühren.

Mehl mit Backpulver untermischen. Milch einrühren. Eventuell mit Lebensmittelpaste den Kuchen in der gewünschten Farbe einfärben. Es sollte eine feste Masse entstehen!

Teig in eine kleine, ausgebutterte Kasten- oder Springform geben und bei 180 Grad ca. 30 Minuten backen.

GRUNDREZEPT SCHOKOLADENKUCHEN

120 g Butter
200 g Mehl
50 g Kakao
2 TL Backpulver
75 g Zucker
2 Eier
1 TL Vanilleextrakt oder
   -aroma
1 Prise Salz
4 EL Milch

Butter mit Zucker schaumig schlagen. Eier, Salz und Vanille-aroma zugeben und weiterrühren.

Mehl mit Backpulver und Kakao untermischen. Milch einrühren.

Auch hier sollte wieder eine feste Masse entstehen.

FROSTING

40 g Butter
70 g Frischkäse (Doppel-
   rahmstufe)
1 Pck. Bourbon-
   Vanillezucker
50 g Puderzucker

Zimmerwarme Butter mit Zucker und Vanillezucker cremig rühren. Anschließend Frischkäse zufügen und glatt rühren.

TIPP

Zum Färben eignet sich Lebensmittelpaste besser als normale Speisefarbe. Der Grad der Färbung wird mit der Paste intensiver.

Für die Eulen habe ich den Schokoladengrundteig verwendet und für die runden Cake Pops jeweils die Vanillekuchen. Der Teig ist teilweise mit Lebensmittelpaste eingefärbt. Das Auge isst ja schließlich mit!

* Glasurlinsen – Candy Melts
* Streudekor
* dicke Styroporplatte

Zusätzliches Material für die Eule
* Zuckerperlen für die Nase
* Sternchen- oder Blüten-dekor für die Krallen
* Zuckeraugen
* Schokoladentropfen für die Ohren
* Candy Melts in Braun und Lila

GERAHMTES LAUB

Eingerahmtes Laub ist für mich eine sehr schöne Methode, um das Zuhause herbstlich zu dekorieren. Und wenn man es genau nimmt, sind diese Bilder eigentlich das ganze Jahr über hübsch anzuschauen.

Wir haben also viele Blätter gesammelt und sie gepresst. Danach werden sie schwarz bepinselt. Hierzu verwendet man entweder Acrylfarbe oder Sprühlack, der etwas einfacher aufzutragen ist. Zudem hat er den Vorteil, schnell zu trocknen.
Sobald die Farbe auf den Blättern getrocknet ist, muss das Blatt noch einmal für 2 – 3 Tage gepresst werden. Durch das Auftragen der Farbe rollt sich das Herbstlaub wieder etwas auf.
Anschließend kann es in Rahmen arrangiert werden und dann ran an die Wand.

MATERIAL

* Laubblätter
* Laubpresse bzw. dickes, schweres Buch
* schwarzer Acryllack bzw. schwarzer Sprühlack
* Bilderrahmen

Wir freuen uns immer sehr, wenn sich im Herbst langsam die Blätter färben und wir endlich losziehen können, um etwas von der bunten Pracht einzusammeln. Es lässt sich so viel daraus machen – zum Beispiel schöne Bilder.

SERVIETTENDRUCK MIT BIRNEN

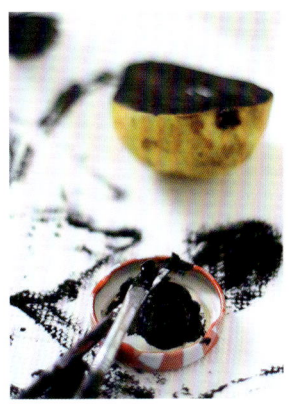

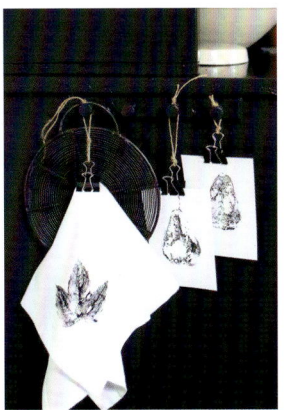

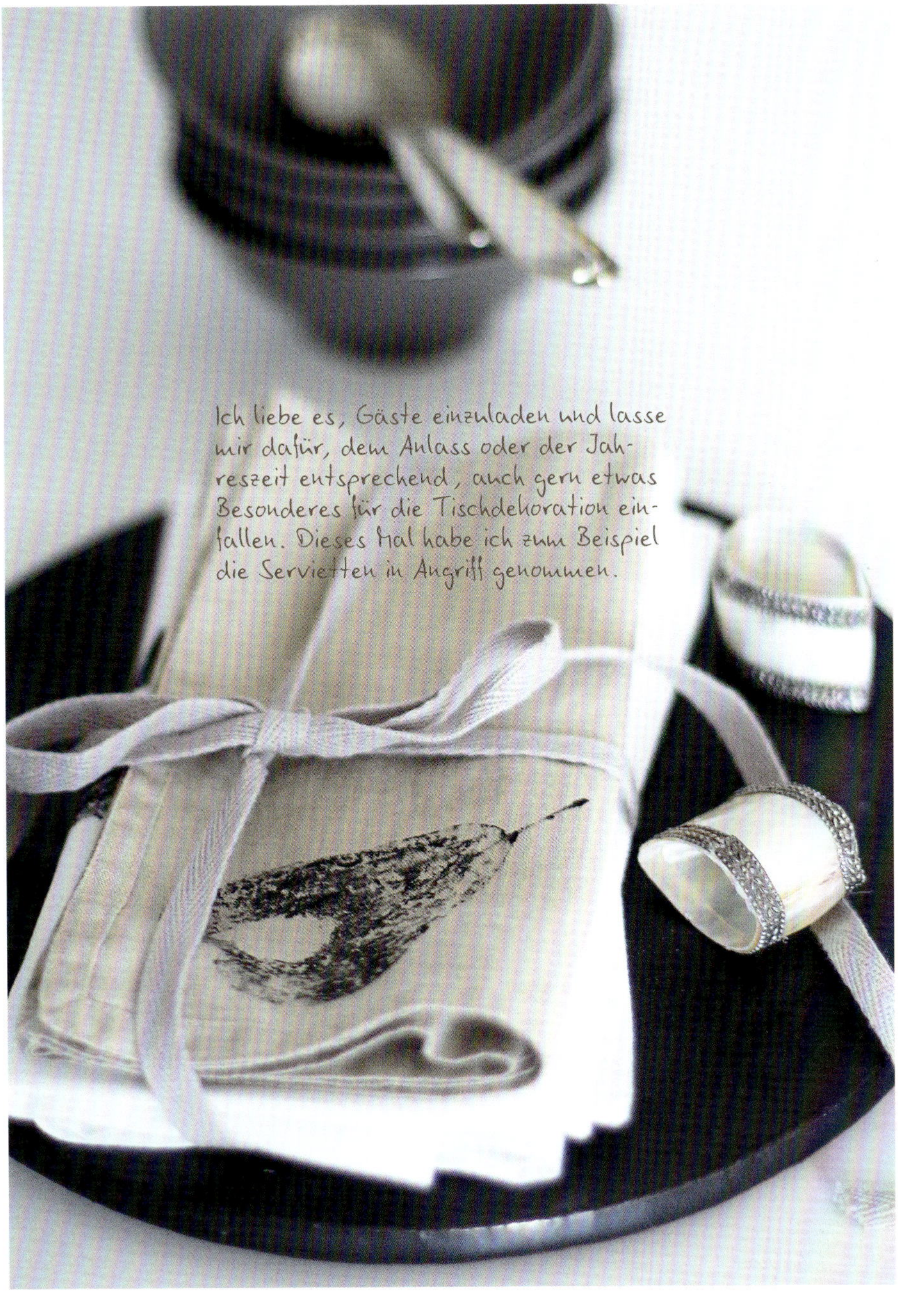

Ich liebe es, Gäste einzuladen und lasse mir dafür, dem Anlass oder der Jahreszeit entsprechend, auch gern etwas Besonderes für die Tischdekoration einfallen. Dieses Mal habe ich zum Beispiel die Servietten in Angriff genommen.

Schlichte, einfarbige Servietten lassen sich hervorragend mit Drucken in Szene setzen.

Hier habe ich Laubblätter und Birnen dazu verwendet. Der Apfeldruck ist ja allseits bekannt, und was sich mit Äpfeln machen lässt, das funktioniert sicher auch mit Birnen!
Also habe ich eine feste Birne halbiert, den Stiel dabei allerdings nicht abgeschnitten. Die Birne anschließend mit einem Küchenkrepp trocken tupfen und die Stoffmalfarbe mit einem Pinsel auftragen – sowohl auf die Frucht als auch auf den Stiel. Nun wird die Birne auf die Serviette gepresst. Danach muss alles anständig trocknen.
Zum Fixieren noch einmal mit einem Bügeleisen über die Serviette gehen – und schon ist die Birnenserviette fertig.

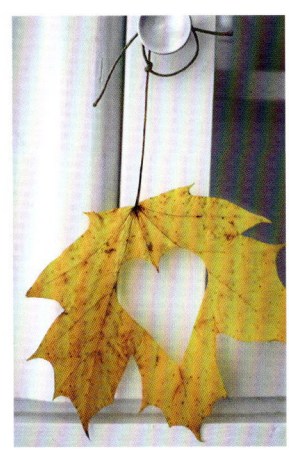

MATERIAL

* Baumwollservietten
* Stoffmalfarbe
* Pinsel
* feste Birne
* Laubblätter
* weiße Postkarten

Birnen und Schokolade — das ist für mich einfach eine unschlagbare Kombination! Daraus dann eine köstliche Tarte zaubern ... Mmh, lecker!

BIRNEN-SCHOKOLADEN-TARTELETTES/-TARTE
(für 6 Tartelettes oder eine 24er Tarte)

TIPP

Zu den Tartelettes gab es bei mir übrigens einen leckeren Birnentee.

100 g kalte Butter
50 g Puderzucker
40 g gemahlene Mandeln
180 g Mehl
1 Ei
2 EL Kakao

200 g Sahne
100 g Schokolade
2 Pck. Vanillezucker
35 g Butter
2 Eier

3 reife Birnen

Aus Butter, Puderzucker, Mandeln, Mehl, Ei und Kakao einen Mürbteig herstellen. Diesen ca. 1 Stunde im Kühlschrank ruhen lassen.

Die Schokolade zusammen mit der Sahne in einen kleinen Topf geben, auf dem Herd langsam erwärmen bis die Schokolade geschmolzen ist. Zucker und Butter hinzufügen und den Topf von der Herdplatte nehmen. Leicht auskühlen lassen und die Eier unterziehen.

Den Teig ausrollen, auf kleine Tartelletteförmchen oder auf eine große Tarteform geben. Birnen in dünne Scheiben schneiden und auf dem Teigboden auslegen. Die Schokoladensahne darauf verteilen und ca. 20 – 25 Minuten bei 150 Grad im Ofen backen.

Verziert habe ich die Tartelettes mit einem Klecks Sahne und Birnenchips. Die Chips herzustellen dauert zwar ein Weilchen, ist aber eigentlich ganz einfach. Der Zeitaufwand lohnt sich meiner Meinung nach, weil sie nicht nur lecker schmecken, sondern auch schön anzusehen sind.

Für die Birnenchips:

Birnen
Zuckerwasser aus 150 ml
   Wasser und 100 g Zucker

Die Birnen ganz dünn schneiden oder hobeln, in das Zuckerwasser tauchen und bei 50 – 60 Grad ca. 3 Stunden im Ofen trocknen lassen.

Da noch ein paar Birnen übrig waren und ich ein riesengroßer Fan von Chutneys bin, habe ich zusätzlich ein Birnen-Feigen-Chutney eingekocht. Gerade im Herbst schmeckt es köstlich zu Fleischgerichten. Und wenn man einmal selbst eingeladen ist, hat man damit auch gleich ein kleines Geschenk aus der eigenen Küche zur Hand.

BIRNEN-FEIGEN-CHUTNEY

(für ca. 3 Gläser)

250 g Gelierzucker (3:1)
700 g Birnen
300 g Feigen
200 g rote Zwiebeln
250 g Balsamico-Essig
50 g Ingwer

Neutrales Pflanzenöl in einem Topf erhitzen, Ingwer und Zwiebeln darin glasig dünsten. Birnen und Feigen zufügen und alles mit Balsamico-Essig ablöschen. Zucker einrühren und für ca. 4 Minuten sprudelnd und unter ständigem Rühren einkochen lassen.

Im Anschluss das Chutney in heiß ausgewaschene, saubere Weckgläser füllen.

PFLAUMENKÜCHLEIN

Kuchen mit der Oberseite nach unten zu backen, finde ich besonders raffiniert — und es ist einmal etwas anderes!

Plum Cake

UPSIDE-DOWN PFLAUMENKÜCHLEIN
(für 12 Stück)

300 g Pflaumen
2 gehäufte EL brauner Zucker
Butter für die Form

150 g weiche Butter
80 g brauner Zucker
1 Pck. Vanillezucker
3 Eier
50 g Mandeln
100 g Mehl
1 TL Backpulver
1 TL Zimt
1/2 TL Kardamom (gemahlen)
1 EL Milch

Pflaumen entkernen und in dünne Scheiben schneiden. In eine Schüssel geben und mit dem Zucker bestreuen. Kurz ziehen lassen.

Butter mit braunem Zucker und Vanillezucker schaumig schlagen. Eier nach und nach zugeben und cremig rühren. Mandeln mit Mehl, Backpulver und den Gewürzen mischen und unter die Eimasse rühren.
Zum Schluss noch 1 EL Milch einrühren.

Ein Muffinblech für 12 Muffins mit Butter einfetten.
Mit den Pflaumen auslegen, dabei aber die Ränder freilassen.
Nur den Boden belegen.
Je 1 gehäuften EL Teig vorsichtig daraufgeben.
Bei 175 Grad ca. 30 Minuten backen.

Die Küchlein in der Form vollständig auskühlen lassen und erst dann vorsichtig herauslösen.
Löst man die Kuchen, wenn sie noch warm sind, dann bleiben die Pflaumen am Boden kleben.

Cake-Toppers
Dafür habe ich am Computer mit einer Schriftart, die mir gefällt, eine Vorlage erstellt und auf weißem Papier ausgedruckt.
Man kann das Papier aber auch bestempeln oder mit einer Schreibmaschine beschriften.
Danach habe ich ca. 8 – 10 cm lange Streifen abgeschnitten, wobei der Text immer eher in der Mitte stehen sollte.
Die Lollisticks in die Mitte der Streifen, aber noch vor die Schrift legen und mit einem Tupfen Kleber befestigen.
Die Papierstreifen umfalten und auf gleiche Länge schneiden. Abschließend zu Fähnchen scheiden.

MATERIAL

* weißes Papier
* Lollisticks
* Schere
* Kleber

Eigentlich bin ich kein großer Fan von Halloween, aber mit Kindern ist es nicht leicht, dieser amerikanischen Tradition zu entfliehen. Im Laufe der letzten Jahre hat es sich eingebürgert, dass wir an Halloween Gäste zu uns nach Hause einladen. Aus diesem Grund soll der Tisch natürlich dem Motto entsprechend gedeckt sein und das Essen zum Anlass passen.

Anstatt mit Blumen habe ich mit Straußenfedern aus dem Bastelbedarf dekoriert. Auf Teller gelegt und in kleine Flaschenvasen gesteckt, sehen sie sehr hübsch aus. Für die Flaschenvasen habe ich normale gläserne Saftflaschen verwendet. Die mit Heißklebepistole geschriebenen Worte sowie die gemalten Spinnennetze verleihen ihnen den ultimativen Halloween-Look. Mit der Heißklebepistole trocknet das Ganze sehr schnell, sodass man die Flaschen direkt im Anschluss mit weißem und schwarzem Sprühlack färben kann. Für Abwechslung in der Vasenparade sorgen Etiketten mit dem „Halloween"-Schriftzug, ausgedruckt mit einem Dymo-Labelmaker. Damit habe ich die Flaschen, die nicht mit Heißkleber verziert sind, beklebt. Kürbisse dürfen an Halloween natürlich nicht fehlen. Für mich sind die weißen Baby-Boo-Kürbisse am schönsten. Für die Dekoration sind einige davon in ein Kleid aus Spitzenstrümpfen geschlüpft, die anderen dienen als Tischkarten. Dafür einfach ein Etikett mit kleinen Nägeln am Kürbis befestigen.

MATERIAL

* kleine leere Glasflaschen
* Heißklebepistole
* weißer und schwarzer Sprühlack
* Baby-Boo-Kürbisse
* Spitzenstrümpfe
* weiße und schwarze Straußenfedern
* Dymo-Labelmaker
* Papieretiketten
* kleine Nägel

Die typischen Halloween-Farben – Orange gemischt mit Schwarz und Weiß – zählen nicht unbedingt zu meinen bevorzugten Farbkombinationen. Darum habe ich das Orange beim Tischschmuck einfach weggelassen und es bei Schwarz und Weiß belassen.

Als Aperitif liebe ich selbst gemachten Sirup, der mit Sekt aufgegossen wird. Schmeckt herrlich!

SEKT MIT PHYSALISKOMPOTT

(für ein Einmachglas
à 300 ml)

200 g Physalis
100 g brauner Zucker
1 Vanilleschote
1 Zimtstange
200 ml Orangensaft
2 Kardamomkapseln

Zucker in einem Topf karamellisieren lassen und die klein geschnittenen Physalis zugeben.

Mit Orangensaft ablöschen. Vanilleschote aus-kratzen. Mark und Schote zusammen mit der Zimtstange und den angedrückten Kardamom-kapseln ebenfalls in den Topf geben und alles ca. 20 Minuten köcheln lassen.

Anschließend die Gewürze entfernen und das Kompott in ein Einmachglas umfüllen. Hält sich ein paar Tage im Kühlschrank.

SCHOKOLADEN-BROMBEER-TORTE
(für eine 20er-24er Springform)

300 g Mehl
2 Pck. Vanillezucker
2 TL Backpulver
230 g weiche Butter
150 g Zucker
1 Prise Salz
250 ml Milch
60 g Kakao
4 Eier

200 g Sahne
250 g Mascarpone
2 Pck. Vanillezucker
80 g Zucker
1 Prise Zimt
200 g Brombeeren
  (evtl. tiefgekühlt)

Schokoladenglasur
weiße Kuvertüre

Vor dem Backen die weiße Kuvertüre schmelzen und in einen Gefrierbeutel füllen. An der Spitze ein kleines Loch einschneiden und mit dem so entstandenen Spritzbeutel Spinnennetze auf ein Backpapier „malen". Abkühlen lassen. Die Kuvertüre muss schön fest werden.

Für die Füllung die Sahne mit dem Vanillezucker steif schlagen. Mascarpone mit Zucker und Zimt cremig rühren, danach die (aufgetauten) Brombeeren unterheben.

Die Butter mit Zucker, Vanillezucker und einer Prise Salz schaumig rühren. Eier nach und nach zugeben und cremig schlagen, anschließend die Milch unterrühren.
Das Mehl mit dem Backpulver und dem Kakao vermischen und unterheben.
Die Masse wird nun in die Backform gefüllt. Ich habe eine 20er Springform verwendet.
Bei 180 Grad ca. 45 – 50 Minuten backen. Auskühlen lassen.

Den Tortenboden waagrecht in der Mitte durchschneiden, einen Tortenring um eine Hälfte des Bodens legen und die Füllung gleichmäßig darauf verteilen. Mit dem zweiten Boden abschließen und das Ganze ca. 2 Stunden kühl stellen.
Danach den Tortenring lösen, die Glasur schmelzen und über die Torte gießen.
Solange die Glasur noch nicht fest ist, die Spinnennetze auf dem Kuchen dekorieren.
Es ergibt sich ein leicht marmorierter Effekt.

Wir essen zu unserem Schokoladenkuchen auch immer gern ein Kompott.
Mit dieser Torte harmoniert zum Beispiel ein Brombeerkompott perfekt.
Und hier ist das Rezept:

BROMBEERKOMPOTT

300 g Brombeeren
  (evtl. tiefgekühlt)
2 EL brauner Zucker
1 Zimtstange
100 ml Rotwein
1 Kardamomkapsel
1 Vanilleschote
1 TL Speisestärke

Die Brombeeren zusammen mit dem Zucker in einem Topf erwärmen.
Den Rotwein angießen und gemeinsam mit dem ausgeschabten Vanillemark sowie der Schote, der Kardamomkapsel und der Zimtstange einkochen lassen.
Ggf. mit einem Teelöffel Speisestärke abbinden.
Gewürze entfernen und abkühlen lassen.

family MEANS everything TO ME

Kürbisse gehören für mich zum Herbst einfach dazu. Meistens werden sie ja eher als Suppe oder auf andere Art pikant zubereitet, aber in Form von Cupcakes schmecken sie mindestens genauso gut.

KÜRBIS-CUPCAKES
(für 12 Stück)

200 g Kürbispüree
130 g Butter
130 g Mehl
2 Eier
2 TL Backpulver
1 Pck. Vanillezucker
80 g brauner Zucker
1 TL Zimt
1 Msp. Ingwerpulver
1 Msp. Nelkenpulver

175 g Frischkäse (Doppel-rahmstufe)
200 g Sahne
1 TL Bourbon-Vanillearoma
2 EL Puderzucker

Kürbis in Stücke schneiden und im Wasser gar kochen. Anschließend abgießen, pürieren und die Masse abkühlen lassen.
Butter mit Zucker und Eiern schaumig schlagen.
Mehl, Backpulver und Gewürze mischen und mit der Buttermasse vermengen. Kürbispüree hinzufügen. Den Teig gleichmäßig auf die Förmchen verteilen und bei 180 Grad ca. 25 Minuten backen.

Für das Frosting die Sahne steif schlagen. Den Frischkäse mit Puderzucker und dem Vanillearoma verrühren. Sahne unterheben. Die Masse in einen Spritzbeutel füllen und die Cupcakes damit verzieren.

TIPP

Herbstliches „Cupcake-Topping": Einfach frisches Laub auf Zahnstocher spießen und die Minikuchen damit dekorieren.

MATERIAL

* Zahnstocher
* kleine Laubblätter
  (z. B. Birkenblätter, kleine Ahornblätter …)

Bei beiden Rezepten habe ich mich mit dem grünen Teepulver etwas zurückgehalten. Die Cremes nehmen in diesem Fall aber nur eine dezente Grünfärbung an. Je mehr Teepulver verwendet wird, desto intensiver wird der Farbton. Allerdings tritt dann auch der Teegeschmack stärker hervor.

MATCHA-SCHOKOLADEN-CUPCAKES
(für 12 Stück)

20 g Kakao
110 g Butter
2 Eier
80 g Zucker
1 Pck. Vanillezucker
1 EL Milch
110 g Mehl
1 TL Backpulver

200 g Sahne
175 g Frischkäse
   (Doppelrahmstufe)
1 TL Matcha Teepulver
30 g Puderzucker
1 Pck. Vanillezucker

Butter mit Zucker und Vanillezucker cremig schlagen. Eier zugeben und danach die Milch einrühren.
Das Mehl mit dem Backpulver und dem Kakao mischen und unter die Masse heben.
Alles in Förmchen füllen und ca. 20 Minuten bei 180 Grad backen. Abkühlen lassen.

Für das Topping die Sahne mit einem Päckchen Vanillezucker steif schlagen. Den Frischkäse mit dem Puderzucker verrühren und Matcha Teepulver hinzufügen.
Zum Abschluss die Sahne unter die Käsecreme heben und damit die Cupcakes verzieren.

GREEN-TEA MOUSSE
(für ca. 4 Gläser)

250 g Magerquark
400 g Sahne
1 Vanilleschote
50 g Puderzucker
2 Pck. Vanillezucker
60 g Zartbitterschokolade
   (mind. 50 % Kakaoanteil)
1 EL Matcha Teepulver

Die Vanilleschote auskratzen, das Mark zusammen mit der Schote und 200 g Sahne in einen Topf geben und erwärmen. Die Schokolade hinzufügen und in der Sahne schmelzen. Vom Herd nehmen und abkühlen lassen. Kleiner Tipp: Am besten schon am Vortag zubereiten!

Den Magerquark mit dem Puderzucker, einem Päckchen Vanillezucker und dem Teepulver verrühren. Den zweiten Becher Sahne mit dem anderen Päckchen Vanillezucker steif schlagen und die Quarkcreme unterrühren. Die Masse in Gläser füllen und kalt stellen.

Kurz vor dem Servieren die Schokoladensahne steif schlagen und je einen Klecks auf der Creme verteilen.

Als Grundlage für die Vasen
dienen kleine Saftflaschen
aus Glas, die nach dem
Auswaschen mit Sprühlack
bearbeitet werden. Ich habe
in diesem Fall auf weiße
Farbe zurückgegriffen. Die
aufgeklebten Bilder habe
ich von der „Graphics Fairy",
einer Bloggerin, die jeden Tag
Grafiken zum freien Download
zur Verfügung stellt (siehe
S. 160). Es eignen sich aber
auch Bilder aus alten Büchern
oder persönliche Lieblingsmotive. Der Kreativität sind
hier keine Grenzen gesetzt.
Die Motive werden auf einer
selbstklebenden, transparen-
ten Transferfolie ausgedruckt
und einfach auf die be-
sprühten und getrockneten
Flaschen geklebt.

MATERIAL

* kleine Glasflaschen
* weißer Sprühlack
* selbstklebende Trans-
  ferfolie

Eine schnelle Methode für eine
einfache Dekoration sind besprühte
Flaschen. Man kann sie zum Beispiel
als Vasen verwenden, wie ich es bei
meiner Halloween-Tischdekoration
getan habe.

GIRLANDE IM HERBSTLICHEN GEWAND

Gebastelt habe bei der Girlande eigentlich nur ich, da meine Töchter lediglich die Motive dafür ausgesucht haben. Ausschneiden durfte ich sie dann alleine. Unsere Girlande besteht aus herbstlichen Bildern wie Eulen, Eichhörnchen sowie Federn und Eicheln.

Die Motive sind aus übrig gebliebenen Tapetenresten, Packpapier und Filz ausgeschnitten. Dafür einfach Schablonen auf einen stabilen Karton aufzeichnen, auf das Papier und den Filz übertragen, ausschneiden und mit einer Nähmaschine aneinandernähen.
Am Anfang sowie am Ende der Girlande etwas Faden überstehen lassen, damit lässt sich die Girlande nachher leicht festbinden.

Immer wieder einmal nehmen wir drei Mädels uns Zeit für einen gemeinsamen Bastelnachmittag.

MATERIAL

* Tapetenreste
* Filz
* Packpapier
* Nähgarn
* Nähmaschine
* Schere
* Karton

SMOOTHIE

Drachen sind für mich ein wesentlicher Bestandteil der Herbst-Dekoration. Wir haben sie zum Beispiel als Zierde für einen herbstlichen Drink verwendet. In diesem Fall habe ich Smoothies gemacht, die ich zwischendurch sehr gern für meine Mädels zubereite. Vor allem die kleinere ist davon begeistert.

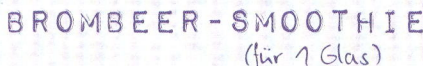

BROMBEER-SMOOTHIE
(für 1 Glas)

100 g Brombeeren (evtl. tiefgekühlt)
150 g fettarmer Joghurt
1 TL Vanillezucker
ggf. etwas Honig zum Süßen

Alle Zutaten in einen hohen Becher füllen und pürieren!

Drachen-Deko
Für die Drachen Rauten aus Tonpapier ausschneiden und nach Wunsch bestempeln. An der unteren Spitze mit einem Locher einen Kreis ausstanzen, darin ein längeres Stück Draht befestigen und dieses mehrmals um das Glas wickeln. Die Schleifen bestehen aus bunten Bändern, die einfach um den Draht geknotet werden. Eine Schleife wird direkt unter der Spitze des Drachens platziert, um die Befestigung des Drahts zu verbergen.

MATERIAL

* 1–2 Bögen Tonpapier
* Stempel
* Stempelkissen
* Locher

* Bänder für die Schleifen
* Draht
* Schere

winter

Im Winter gibt es für mich nichts Gemütlicheres, als auf dem Sofa zu sitzen, Kerzen anzuzünden, eine Tasse Tee zu trinken und leckeren Kuchen zu essen. Dabei dann noch in einem schönen Buch oder einem Magazin zu blättern – das ist perfekt!

Wenn es draußen so richtig kalt ist, ist die beste Zeit, um sich drinnen kreativ zu betätigen. Vor allem in der Adventszeit ist es besonders schön, mit den Kindern zu basteln und zu backen. Und wenn es dann im ganzen Haus nach selbst gebackenen Plätzchen duftet, ist das einfach herrlich!

Eigentlich backe ich meist schon vor dem Wochenende oder spätestens am Samstag, damit zum Kaffee immer eine Kleinigkeit bereitsteht. Wenn dafür einmal keine Zeit ist und wir am Nachmittag Gäste erwarten, dann wird auch sonntags noch gebacken. Dann muss es allerdings schnell gehen und darf nicht zu aufwendig sein.

Ein einfacher Rührkuchen ist da die beste Alternative. Mein dunkler Kirschkuchen ist einer unserer absoluten Lieblingskuchen, zum einen weil er schnell geht, zum anderen aber auch, weil er wahnsinnig lecker schmeckt und abwandelbar ist. Im Herbst kann man anstatt der Kirschen zum Beispiel 4 – 5 Äpfel schälen, grob reiben und zum Teig geben. Für den Winter ist die Variante mit den Kirschen allerdings unschlagbar!

DUNKLER KIRSCHKUCHEN (für eine Guglhupfform)

1 Glas Sauerkirschen
250 g Butter
150 g brauner Zucker
1 Pck. Vanillezucker
4 Eier
250 g Mehl
1 Pck. Backpulver
100 gr. gemahlene Hasel-
    nüsse
2 EL Kakao
1 EL Zimt
1 EL Rum
dunkle Kuchenglasur
Kerne von 1 Granatapfel

Kirschen abtropfen lassen. Butter mit Zucker und Vanillezucker schaumig schlagen. Eier zufügen und cremig schlagen. Mehl, Backpulver, Nüsse, Kakao und Zimt mischen und unter die Eimasse heben. Den Rum und die abgetropften Kirschen hinzufügen und in eine Guglhupfbackform füllen.
Alles bei 175 Grad ca. 50 – 60 Minuten backen.

Den Kuchen abkühlen lassen, mit Kuchenglasur begießen und sofort mit den Granatapfelkernen bestreuen.

Mir schmeckt der Kuchen immer besonders gut, wenn es noch eine kleine „Beilage" gibt. Hier passt zum Beispiel ein Klecks geschlagene Sahne, gesüßt mit Vanillezucker, oder etwas Kirschkompott perfekt. Das Kompott ist auch wieder ganz schnell gemacht.

KIRSCHKOMPOTT

1 Glas Sauerkirschen
1 Zimtstange
1 Vanilleschote
1 TL Speisestärke

Das Glas Sauerkirschen zusammen mit dem Saft in einen kleinen Topf füllen.
Mit der Zimtstange, dem Mark der Vanilleschote und der ausgekratzten Schote aufkochen und ca. 5 – 10 Minuten köcheln lassen. Mit der Speisestärke binden. Zum Schluss Zimtstange und Vanilleschote entfernen.

Fertig!

Im Winter geben sich bei uns oft die Viren die Klinke in die Hand und ständig ist ein anderes Familienmitglied krank. Da kann die Woche mit Schule und Co. dann manchmal ziemlich stressig werden. Um mich davon ein bisschen abzulenken und zum Abschalten, backe ich am Wochenende dann gern mal – zum Beispiel Cranberry-Muffins.

Für das Rezept braucht man zwar viele verschiedene Zutaten, aber alleine der Duft, der beim Backen durch das Haus zieht, ist es wert!

CRANBERRY-MUFFINS
(für 12 Stück)

100 g Cranberries
   (Preiselbeeren)
200 g Mehl
50 g Speisestärke
1 TL Backpulver
100 g brauner Zucker
1 Pck. Vanillezucker
2 Eier
150 g weiche Butter
150 g Schmand
30 g weiße Schokolade,
   gerieben
1 TL Zimt
1 Prise Salz
Abrieb von 1/2 Bio-Orange
2 EL Cranberrysaft

200 g Sahne
1 Prise Zimt
1 Pck. Vanillezucker

Zuerst das Mehl mit Speisestärke und Backpulver in einer Schüssel vermengen.
Anschließend die Eier mit Butter, Zucker, Salz und Zimt verrühren und die Mehlmischung unterheben. Schmand, Orangenabrieb und die geriebene weiße Schokolade unterrühren. Zum Schluss den Saft und die Cranberries untermischen.

Alles bei 180 Grad ca. 25 Minuten backen.

Als Topping eignet sich eine Zimt-Vanille-Sahne perfekt.
Dazu die Sahne nur „halb" steif schlagen und dabei eine Prise Zimt und ein Päckchen Vanillezucker unterrühren.

Und wer das Ganze noch etwas verfeinern möchte, der kocht einfach Cranberrykompott ein. Gut verschlossen hält es sich für eine Weile im Kühlschrank und passt hervorragend zu Pancakes oder Waffeln.

CRANBERRYKOMPOTT

150 g Cranberries
   (Preiselbeeren)
2 EL brauner Zucker
100 ml Weißwein
50 ml Cranberrysaft
1 TL Zimt
1 Pck. Bourbon-Vanillezucker
1 TL Abrieb einer Bio-Orange
ggf. Speisestärke

Alle Zutaten zusammen in einen Topf geben und aufkochen.
Ca. 15 Minuten einkochen lassen, bis das Kompott eingedickt ist. Sollte es noch zu flüssig sein, mit etwas Speisestärke binden. Das Kompott abkühlen lassen und einen Klecks auf die Sahne geben.

Ein paar heil gebliebene Walnussschalen habe ich zu Teelichtern umfunktioniert. Dazu ein Teelicht solange brennen lassen, bis das Wachs geschmolzen ist und dieses anschließend vorsichtig in die Schalen umfüllen. Zum Schluss den Docht aus dem Teelicht in das Wachs der Walnussschale setzen.

MATERIAL

* Teelichter
* Walnussschalen

WALNUSS-BROWNIES
(für 6 Stück)

125 g weiche Butter
100 g brauner Zucker
1 Pck. Bourbon-Vanillezucker
1 Prise Salz
½ TL Zimtpulver
2 Eier
125 g Mehl
1 TL Backpulver
1 EL Kakao
75 g gemahlene Walnusskerne
1 EL brauner Rum
dunkle Schokoladenglasur

Butter mit Zucker, Vanillezucker und einer Prise Salz schaumig schlagen. Eier unterrühren. Mehl, Backpulver, Kakao, Zimt und die gemahlenen Walnusskerne vermischen und unter die Masse heben.
Den Teig auf ein kleines Backblech, ca. 29 x 23 cm, oder in eine nicht allzu große Auflaufform streichen. Er sollte ungefähr 1,5 – 2 cm dick aufgestrichen werden.
Alles bei 180 Grad ca. 30 Minuten backen.
Nach dem Abkühlen die Glasur auftragen.

TIPP

Mit der doppelten Menge an Zutaten reicht der Teig auch für ein großes Backblech.

Brownies sind bei uns sehr beliebt, vor allem weil meine beiden Töchter sie so gern mögen. Die Mutter meiner Freundin deckt uns jedes Jahr mit Walnüssen ein und somit haben sich die Walnuss-Brownies sozusagen zum festen Bestandteil unserer Winterbäckerei entwickelt.

Ein Gläschen warme Milch, gewürzt mit einem Anisstern und verfeinert mit Trinkschokolade, und ein Brownie – so ist man gerüstet für die kalten Tage.

Weiße Schokolade ist einfach etwas Leckeres! Das ist in erster Linie natürlich Geschmackssache und meine kleine Tochter mag sie zum Beispiel überhaupt nicht. Aber meine große Tochter und mein Mann teilen meine Leidenschaft. Und um einmal etwas Abwechslung in den traditionellen „Nachmittags-Kakao" zu bringen − im Winter gehört er für uns einfach dazu −, habe ich ihr einmal eine „heiße weiße Schokolade" gemacht. Die geht schnell und schmeckt köstlich!

Dazu dann noch Marshmallows zum Eintauchen ... Dann ist der Nachmittag trotz anstrengender Hausaufgaben auf jeden Fall gerettet.

MARSHMALLOWS AM STIEL
(für 2 Tassen)

500 ml Milch
150 g weiße Schokolade
1/2 Vanilleschote
1 Zimtstange

Zunächst die Schokolade in Stücke brechen. Anschließend die Milch in einen Topf geben und zusammen mit der Schokolade, dem Mark der ausgekratzten Vanilleschote, der Schote sowie der Zimtstange unter Rühren aufkochen lassen.
Sobald die Milch kocht, den Topf vom Herd nehmen und so lange weiterrühren, bis die Schokolade vollständig geschmolzen ist.

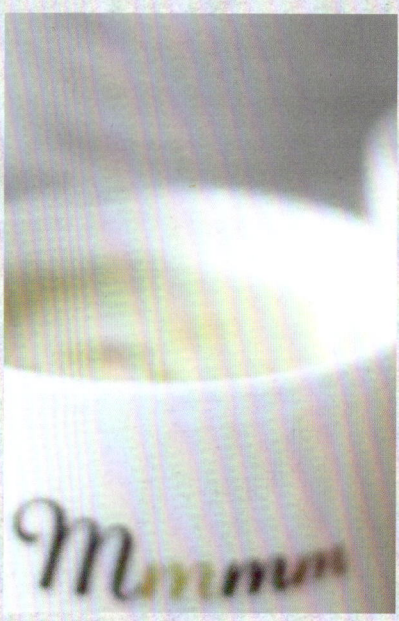

Die Marshmallows haben meine Tochter und ich gemeinsam gemacht. Dafür haben wir zunächst dunkle Schokolade geschmolzen und Papierstrohhalme in die Marshmellows gedreht. Die aufgespießten Süßigkeiten werden nun in die Schokolade und sofort im Anschluss in die Zuckerstreusel getaucht. Danach kurz trocknen lassen.

MATERIAL

* Marschmallows
* 1 Tafel dunkle Schokolade
* Zuckerstreusel
* Papierstrohhalme

STOFFANHÄNGER MIT LIEBLINGSMOTIVEN

Diese Stoffanhänger sind ganz leicht herzustellen. Einfach die persönlichen Lieblingsmotive auswählen und schon kann es losgehen. Ich habe meine Motive zum Beispiel bei der Bloggerin „Graphics Fairy" gefunden (siehe S. 160).

MATERIAL

* altes Wäscheleinen, Baumwollstoff
* Küchengarn
* Textilfolie zum Aufbügeln
* Nähgarn
* Schere
* Bügeleisen
* Packpapier

Die Anhänger schmücken nun einige Lärchenzweige in unserem Wohnzimmer und sehen wirklich sehr dekorativ aus.

Aus altem Leinen Vierecke zurechtschneiden, die etwas größer sind als die gewünschten Bilder. Die „Nahtzugabe" dient später zum Annähen.

Motive aus der Folie ausschneiden, auf das Wäscheleinen aufbügeln. Unbedingt die Angaben des Folienherstellers beachten!

Weiteres Stück Stoff in derselben Größe für die Rückseite zuschneiden, beide Stoffteile aufeinanderlegen und entlang der Konturen des Motivs zusammennähen.

Motivform nachschneiden, Küchengarn mit Hilfe einer stumpfen Sticknadel als Aufhängung daran befestigen und die losen Enden zu einer Schlaufe verknoten.

DEKORIEREN MIT KNÖPFEN

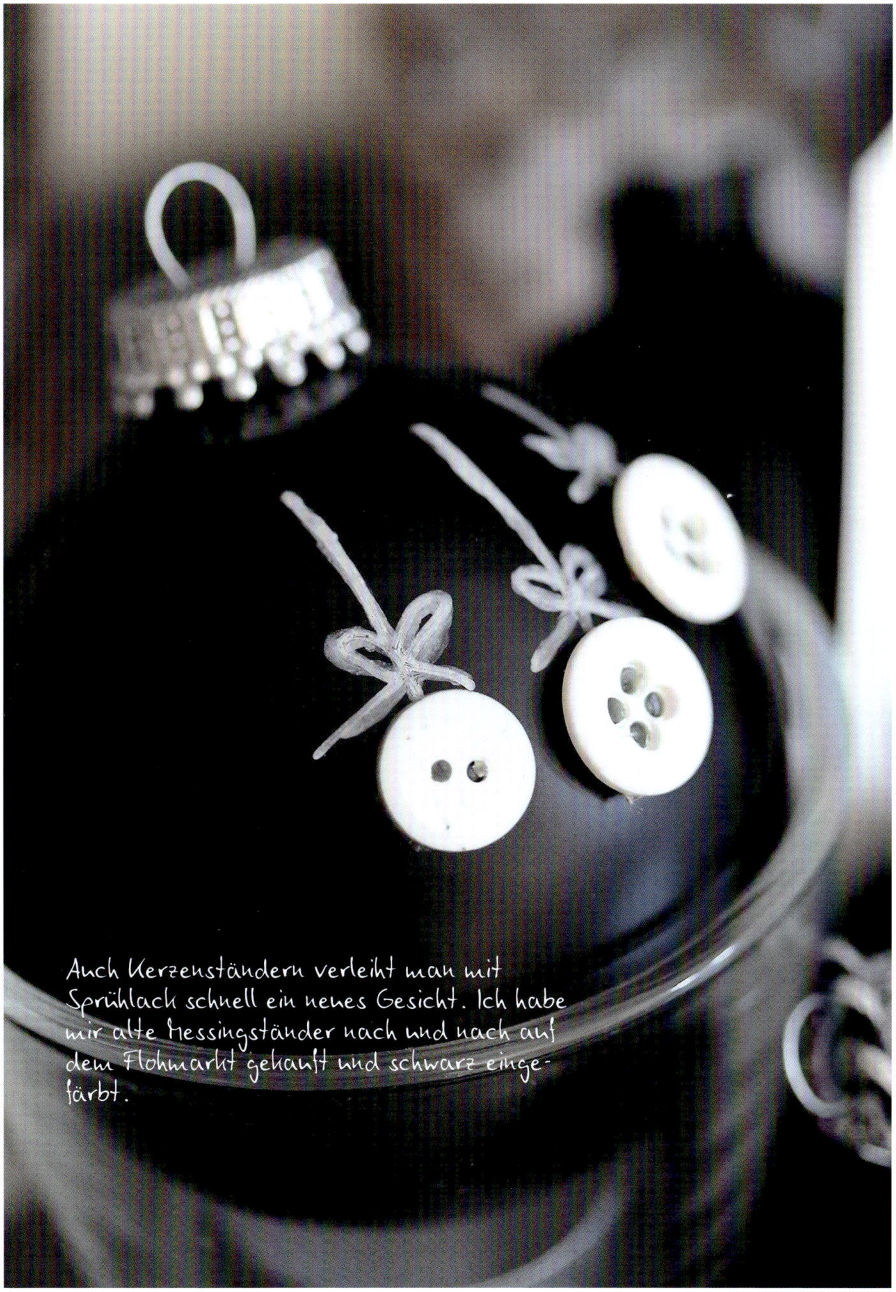

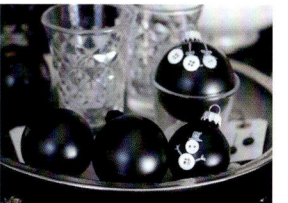

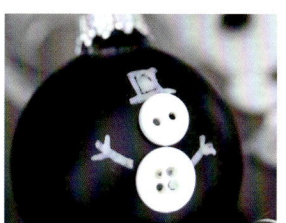

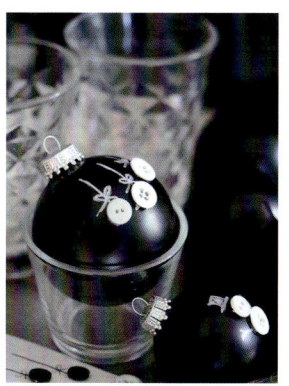

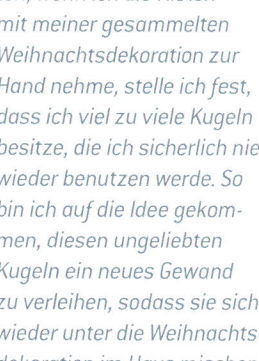

Auch Kerzenständern verleiht man mit Sprühlack schnell ein neues Gesicht. Ich habe mir alte Messingständer nach und nach auf dem Flohmarkt gekauft und schwarz eingefärbt.

Jedes Jahr vor Weihnachten, wenn ich die Kisten mit meiner gesammelten Weihnachtsdekoration zur Hand nehme, stelle ich fest, dass ich viel zu viele Kugeln besitze, die ich sicherlich nie wieder benutzen werde. So bin ich auf die Idee gekommen, diesen ungeliebten Kugeln ein neues Gewand zu verleihen, sodass sie sich wieder unter die Weihnachtsdekoration im Haus mischen dürfen.

Dafür die Kugeln mit schwarzem Sprühlack einfärben und nach Belieben mit Knöpfen und weißem Paintmarker verzieren. Auch Geschenkanhänger lassen sich auf diese Weise schnell verschönern.

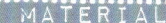

MATERIAL

* alte Weihnachtskugeln
* Knöpfe in unterschiedlichen Farben und Größen
* schwarzer Sprühlack
* Heißklebepistole oder Bastelkleber
* Papieranhänger
* Paintmarker in Weiß und Schwarz

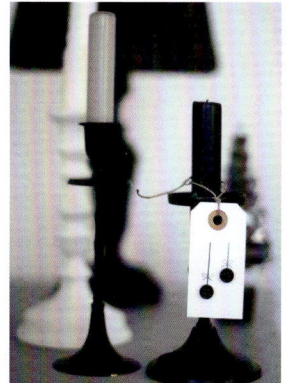

Tannen-Toppers
Als Toppers habe ich auf handgeschöpftem Papier kleine Tannenbäume vorgezeichnet, ausgeschnitten und auf deren Rückseite mit einem Klecks Heißkleber ein kleines Holzstäbchen festgeklebt. Mithilfe eines Bleistifts und eines Stempelkissens werden kleine Punkte auf die Tannen gestempelt. Dazu einen Bleistift mit Radiergummi verwenden, da dieser als Stempel dient.

MATERIAL

* handgeschöpftes Papier
* Heißkleber
* Holzstäbchen
* Stempelkissen
* Bleistift mit Radiergummi
* Schere

Im Winter macht eine Kaffee- oder Teetafel einfach mehr Spaß als zum Beispiel im Sommer. Wenn alles in hellen, dezenten Tönen gehalten wird, wirkt sie am besten. Ein paar winterliche Details, wie hier die Rehe, dürfen natürlich nicht fehlen. Meine Rehe sind Gummitiere, die ich – wie auch schon beim Kindergeburtstag – einfach mit weißem Acryllack angesprüht habe (siehe S. 78 f.).

GEWÜRZKÜCHLEIN
(für 12 Stück)

75 g Butter
2 Eier
80 g Zucker
1 Prise Salz
160 g Mehl
1 TL Backpulver
50 g gemahlene Nüsse
100 ml Milch
1 – 2 TL Lebkuchengewürz
1 TL Rum

Zuckerguss
Pecanüsse (oder Walnüsse)

Butter mit Zucker und einer Prise Salz schaumig schlagen. Die Eier zugeben und cremig rühren. Nüsse, Mehl, Lebkuchengewürz und Backpulver mischen und unter die Eimasse rühren. Im Anschluss Milch und Rum untermengen.
Den Teig in gefettete Muffinförmchen füllen und alles bei 180 Grad ca. 30 Minuten backen. Mit Zuckerguss und Pecanüssen verzieren.

TIPP

Wer die doppelte Menge verwendet, kann einen Kuchen (z. B. 25er Kastenform) backen. Hier verlängert sich die Backzeit auf 50 – 60 Minuten.

Ich habe die Tartelettes zusätzlich noch mit schlichten, kleinen Kerzen aus Bienenwachs dekoriert. Das finde ich eine sehr süße Idee, und passend zur kalten Winterzeit.

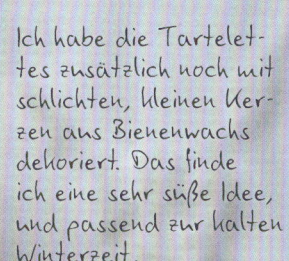

BANANEN-SCHOKO-TARTELETTES
(für 6 Tartelettes oder eine 24er Tarte)

100 g kalte Butter
50 g Puderzucker
40 g gemahlene Mandeln
180 g Mehl
1 Ei
2 EL Kakao

200 g Sahne
100 g Zucker
25 g Butter

400 g Sahne
2 EL Zucker
2 Pck. Vanillezucker
2 Bananen

Zimt

Aus kalter Butter, Puderzucker, Mandeln, Mehl, Ei und Kakao einen Mürbteig kneten. In Frischhaltefolie wickeln und ca. 1 Stunde im Kühlschrank ruhen lassen.

In der Zwischenzeit das Karamell anfertigen. Dafür einen Topf aufsetzen und den Zucker darin bei hoher Temperatur schmelzen lassen. Sobald der Zucker anfängt braun zu werden, den Topf von der Herdplatte ziehen. Butter zugeben und alles miteinander verrühren. Den Topf zurück auf die Herdplatte setzen, stetig weiterrühren und die Sahne zugeben. Unter ständigem Rühren die Masse einkochen lassen, bis sich der Zucker vollständig gelöst hat.

Alles in ein Glas oder Einweckglas umfüllen und abkühlen lassen. Das Karamell dickt beim Abkühlen auch noch etwas nach.

Den Teig ca. 3 mm dick ausrollen. Die gefetteten und mit Paniermehl ausgestreuten Tarteförmchen damit auslegen und ca. 8 – 10 Minuten bei 180 Grad blind backen.

Die Böden abkühlen lassen, währenddessen Bananen in Scheiben schneiden und die Sahne mit Zucker und Vanillezucker steif schlagen.

Auf die ausgekühlten Tarteböden jeweils einen EL Karamell geben und glatt streichen.
Bananenscheiben darauflegen und die Sahne in einen Spritzbeutel mit kleiner Lochtülle füllen. Tupfen damit aufspritzen. Mit Zimt bestäuben.

stone washed
pure linen.

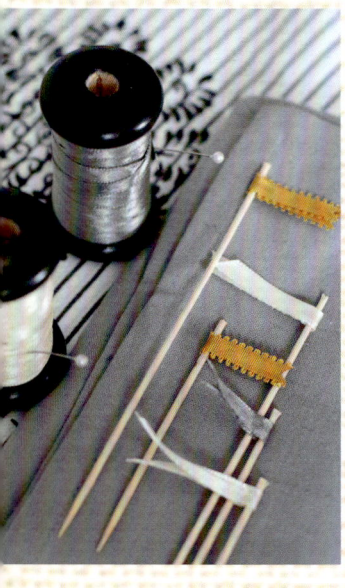

*Orangen zählen im Winter zu meinen Lieblingen!
Richtig schön saftig, voller Vitamine – und lecker!
Und in Kombination mit Kardamom schmecken sie
himmlisch!*

ORANGENGUGLS MIT KARDAMOM-SAHNE

(für 12 Stück)

125 g Butter
100 g Zucker
1 Prise Salz
2 Eier
150 g Mehl
1 TL Backpulver
100 ml frisch gepresster
   Orangensaft
Schale von ¹/₂ Bio-Orange
¹/₂ Vanilleschote
1 TL gemahlener Kardamom

200 g Sahne
1 Pck. Vanillezucker
1 EL Zucker
1 TL gemahlener Kardamom

Puderzucker

Butter mit Zucker und einer Prise Salz schaumig schlagen. Die Eier und das Mark der Vanilleschote zugeben und cremig rühren. Mehl, Kardamom und Backpulver mischen und unter die Eimasse rühren. Orangensaft und Abrieb untermengen. Den Teig in gefettete Guglförmchen füllen. Bei 180 Grad ca. 30 Minuten backen.

TIPP

Wer die doppelte Menge verwendet, kann einen großen Guglhupf backen. Die Backzeit verlängert sich dann auf 50 – 60 Minuten.

Sahne mit Zucker, Vanillezucker und Kardamom steif schlagen und jeweils einen Klecks auf die mit Puderzucker bestäubten Gugls geben.

Fähnchen-Toppers

Als Toppers dienen einfache Fähnchen, hergestellt aus verschiedenen Rips- und Satinbändchen.
Dafür ein Stück Band abschneiden, in die Mitte einen Klecks Heißkleber geben, Holzstäbchen andrücken und alles zuklappen. Die Enden mit einer Schere schräg abschneiden!

MATERIAL

* Holzstäbchen
* Schere
* Heißkleber
* verschiedene Bänder

Jedes Jahr im November verwandelt sich unsere Küche in eine Plätzchenstube — und wir befinden uns im Plätzchen-Back-Wahn. Ich mache immer sehr viele verschiedene Sorten, weil ich die Plätzchen gern in der ganzen Familie verteile und sie auch an liebe Freunde und Kollegen verschenke. Hinzu kommt, dass es mir einfach viel Freude bereitet und ich es liebe, wenn der Duft von frisch gebackenen Plätzchen durch das Haus zieht. Da kommt bei mir richtige Weihnachtsstimmung auf!

SCHOKOLADEN-ORANGEN-PLÄTZCHEN
(für ca. 25 – 30 Stück)

180 g Mehl
2 TL Kakao
1 Ei
60 g kalte Butter
1 TL Abrieb einer Bio-Orange
30 g Puderzucker
1 Pck. Vanillezucker
1 TL Zimt

Zuckerschrift

Alle Zutaten zu einem Mürbteig verarbeiten und ca. 1 Stunde im Kühlschrank ruhen lassen.
Danach den Teig ca. 4 mm dünn ausrollen, Sterne ausstechen, auf ein Backblech legen und bei 180 Grad ca. 10 Minuten backen.
Nach dem Backen die Plätzchen mit Zuckerschrift verzieren.

MANDEL-ZIMT-TALER MIT GLÜHWEINGELEE
(für ca. 50 – 60 Stück)

150 g Mehl
1 Eigelb
150 g kalte Butter
70 g Puderzucker
1 TL Zimt
70 g geriebene Mandeln

Puderzucker
Bourbon-Vanillezucker

Alle Zutaten zu einem Mürbteig verkneten und für ca. 1 Stunde im Kühlschrank ruhen lassen.
Danach den Teig in Stücke teilen und zu Rollen formen. Der Durchmesser sollte in etwa 3 cm betragen.
Mit einem Messer 1 cm dicke Scheiben abschneiden und auf ein Backblech legen. Bei 180 Grad ca. 8 Minuten backen.
Nach dem Abkühlen ein Plätzchen mit Glühweingelee (siehe S. 138) bestreichen und ein anderes Plätzchen daraufsetzen.
Zum Abschluss mit einem Gemisch aus Puderzucker und Bourbon-Vanillezucker bestreuen.

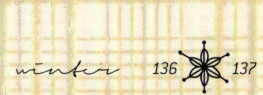

GLÜHWEINGELEE
(für 2 – 3 Gläser)

500 ml Rotwein
250 g Gelierzucker (2:1)
1 Zimtstange
1 Vanilleschote
Schale einer Bio-Orange
2 Sternanise
4 Nelken

Wein mit Zucker, ausgeschabter Vanilleschote, dem Vanille-mark und den Gewürzen aufkochen und 4 Minuten sprudelnd und unter ständigem Rühren köcheln lassen. Die Gewürze entfernen und das Gelee sofort in heiß ausgespülte Gläser abfüllen.

TONKABOHNEN-RINGEL
(für ca. 40 Stück)

250 g Mehl
250 g kalte Butter
1 Eigelb
100 g Puderzucker
1 Msp. geriebene Tonkabohne
75 g gemahlene Haselnüsse
50 g geriebene Zartbitter-
    schokolade

Puderzucker

Alle Zutaten zu einem Mürbteig verkneten und ca. 1 Stunde im Kühlschrank ruhen lassen.
Aus dem Teig dünne Röllchen formen und zu einem Kringel biegen.
Die Plätzchen auf ein Backblech legen und bei 180 Grad ca. 10 Minuten backen.
Nach dem Auskühlen mit Puderzucker bestreuen.

Hinweis: Mittlerweile sind Tonkabohnen gerade um die Weihnachtszeit schon in vielen Supermärkten erhältlich. Man kann sie aber auch leicht über das Internet beziehen (siehe S. 156 f.).

VANILLE-TERRASSENSTERNE

(für ca. 35 Stück)

250 g Mehl
125 g kalte Butter
1 Pck. Bourbon-Vanillezucker
60 g Puderzucker
1 Prise Salz
1 Eigelb

250 g Zartbitterschokolade
50 g Zucker
150 g Sahne

Kakaopulver

Für den Teig aus Mehl, Butter, Puder- und Vanillezucker, Salz und Eigelb einen Mürbteig herstellen und für ca. 1 Stunde im Kühlschrank ruhen lassen.
Den Teig ca. 3 mm dünn ausrollen und Sterne in verschiedenen Größen ausstechen. Pro Plätzchen werden Sterne in 3 verschiedenen Größen benötigt.
Die Plätzchen bei 180 Grad ca. 8 – 10 Minuten backen. Auskühlen lassen.

Für die Füllung den Zucker in einem Topf leicht karamellisieren und vorsichtig die Sahne zugießen. Solange rühren, bis sich der Zucker vollständig aufgelöst hat. Den Topf nun vom Herd ziehen und die in Stücke gebrochene Schokolade einrühren, bis auch diese vollständig geschmolzen ist. Anschließend muss die Creme unbedingt ein paar Stunden abkühlen.

Je einen Klecks Creme auf den größten und den mittleren Stern geben. Danach alle drei Sterne zu Terrassen zusammensetzen und mit Kakaopulver bestreuen.

WEIHNACHTLICHE MINI-WHOOPIE-PIES

(für ca. 20 – 25 Stück)

125 g Butter
75 g Puderzucker
60 g brauner Zucker
1 Prise Salz
1 Ei
250 g Mehl
50 g Kakao
150 ml Buttermilch
1 gestrichener TL Leb-
 kuchengewürz

700 ml Milch
2 Pck. Sahne-Puddingpulver
1 Pck. Bourbon-Vanillezucker
250 g Butter
75 g Zucker
1 Prise Zimt

Dekorstreusel

Für den Teig Butter mit Zucker, Puderzucker und einer Prise Salz schaumig schlagen. Anschließend das Ei hinzufügen. Das Mehl mit Kakao und Lebkuchengewürz mischen und unter die Masse rühren. Zum Schluss die Buttermilch zufügen. Mit einem Löffel kleine Teighäufchen auf ein Backblech setzen. Ggf. mit den Fingern leicht nachformen.
Alles bei 180 Grad ca. 10 Minuten backen. Danach auskühlen lassen.

Für die Füllung Pudding nach Packungsanweisung zubereiten, allerdings nur mit 700 ml Milch, und dabei den Zucker unterrühren. Anschließend auskühlen lassen.
Den Pudding nun unter die Butter rühren, mit Zimt würzen und abschmecken. Ggf. noch etwas Zucker hinzufügen.

Je einen Klecks Füllung auf eine Hälfte der Plätzchen geben. Eine andere Hälfte daraufsetzen und die Füllung am Rand glatt streichen. Danach in den Streuseln wälzen.

Ich habe eine riesengroße Leidenschaft für Macarons! Sie sehen nicht nur hübsch aus, sondern schmecken auch einfach himmlisch. Schade, dass ich nicht direkt neben Ladurée, der bekannten französischen Patisserie, wohne. Dort wäre ich wohl jeden Tag!

Aber ich verschaffe Abhilfe, indem ich mir meine Macarons einfach selbst backe. Und nicht nur für mich, sondern auch für liebe Freunde und die Familie. Die kleinen Kunstwerke eignen sich nämlich perfekt als kleines Geschenk aus der Küche.

Die Mengenangaben sind etwas ungewöhnlich, aber bei der Zubereitung von Macarons kommt es vor allem darauf an, dass alles grammgenau nachgebacken wird!
Idealerweise verwendet man Mandelpulver. Da es bei uns aber nur schwer erhältlich ist, habe ich ersatzweise blanchierte und gemahlene Mandeln verwendet.

GRAPEFRUIT-MACARONS
(für ca. 20 Stück)

45 g Mandelpulver oder blanchierte, gemahlene Mandeln
75 g Puderzucker
1 Eiweiß (ca. 36 – 39 g)
10 g Zucker

50 g weiße Schokolade
20 ml erwärmter Grapefruitsaft
apricotfarbene Lebensmittelpaste

Zuerst mischt man die Mandeln mit dem Puderzucker und mahlt beides gemeinsam in einem Mixer oder ähnlichem. Ich verwende zum Beispiel eine Kaffeemühle.
Danach das Ganze noch einmal durch ein Sieb streichen. Das ist notwendig, um nachher eine glatte Oberfläche zu bekommen. Wenn man keine Mühle zuhause hat, geht das natürlich auch, aber das Streichen durch ein Sieb ist unerlässlich.
Das Eiweiß ca. 1 Minute lang schlagen. Im Anschluss Zucker hinzufügen und ganz steif schlagen. Vorsichtig die Mandel-Puderzucker-Mischung unterrühren.
Die Masse in einen Einweg-Spritzbeutel füllen; dafür zum Beispiel einen Gefrierbeutel benutzen und ein ca. 0,5 cm großes Loch an der Spitze einschneiden. Zum Befüllen wird der Beutel über einen hohen Becher gestülpt.
Nun ein Backblech mit Backpapier auslegen. Das Papier am besten mit einem kleinen Klecks des Macaronteigs an allen Seiten am Backblech festkleben. Anschließend Macarons in der gewünschten Größe aufspritzen. Ich bevorzuge die kleinere Variante und gebe ca. 2 cm große Kleckse auf das Blech.
Bevor man das Blech in den Ofen schieben kann, müssen die Macarons ca. 30 Minuten ruhen.
Wichtig: Die Macarons bei 150 Grad Umluft ca. 10 – 15 Minuten trocknen lassen.

Für die Füllung die Schokolade im Wasserbad schmelzen.
Grapefruit pressen und 20 ml Saft abwiegen. Kurz erwärmen und unter die Schokolade mischen. Solange rühren, bis eine streichfähige Creme entsteht.
Die Masse mit etwas Lebensmittelpaste einfärben.
Mithilfe eines Spritzbeutels mit Lochtülle die Creme auf eine Hälfte der Macarons spritzen und mit einer weiteren Hälfte belegen.

Als Geschenkverpackung für meine Macarons habe ich Einweckgläser mit Bügelverschluss gewählt. Als Verzierung dient ein Plätzchen, aufgespießt auf einen Lollispieß, und ein Schleifenband.

MATERIAL

* Einweckglas mit Bügelverschluss
* Lollistäbchen
* Schleifenband

GESCHENKE HÜBSCH VERPACKT

An Weihnachten gebe ich mir beim Einpacken der Geschenke immer besonders viel Mühe. Ansonsten gehöre ich eher zu den Geschenke-Einpack-Muffeln und überlasse diese Arbeit auch sehr gern einmal meinem Mann. Aber zu Weihnachten ist es mir einfach wichtig, dass die Geschenke, die unter dem Baum liegen, für sich schon eine Dekoration sind.

Aber warum die Geschenke eigentlich immer nur mit normalem Geschenkpapier einpacken? Ich habe mir überlegt, die Päckchen auch einmal mit schönen Stoffen einzuwickeln. Das funktioniert am besten mit kleineren Geschenken wie zum Beispiel Büchern.

MATERIAL

* verschiedene Baumwollstoffe nach Wahl
* Geschenkpapier
* selbstklebende Dekorfolie
* Plätzchenausstecher
* Masking Tapes
* Papieranhänger

Für ein paar andere Geschenke habe ich die Initialen der Person, für die das Geschenk gedacht ist, spiegelverkehrt auf die Rückseite selbstklebender Dekorfolie aufgezeichnet. Danach die Buchstaben ausschneiden und auf das Geschenk kleben. Als Zierband einen Streifen aus einem Stück Baumwollstoff reißen und um das Päckchen binden.

Um sich in Weihnachtsstimmung zu versetzen und Inspirationen für das Fest zu sammeln, ist ein Moodboard perfekt geeignet.

MOOD-
BOARD

Ich habe mir ein Moodboard an einer Schranktür meines Küchenbuffets eingerichtet. Alles, was mir unter die Finger gekommen ist und was ich für die Weihnachts- und Adventszeit schön finde, wurde dort mit Masking Tapes befestigt. Das waren zum Beispiel stimmungsvolle Postkarten, Dekoideen aus Zeitschriften, Farbpaletten, Papiersterne, selbst gemachte Weihnachtskarten usw.

Masking Tapes kleben übrigens nicht so fest wie normale Klebestreifen und lassen sich deshalb auch wieder leicht von den Möbeln oder der Wand entfernen.

Für Weihnachten decke ich den Tisch gern besonders schön und festlich. Ich freue mich immer sehr darauf und überlege mir die Einzelheiten sowie das Menü schon ein paar Wochen im Voraus.

Dieses Mal habe ich farblich alles in Weiß, Schwarz und Grau gehalten. Anstatt einer Tischdecke kommen Platzsets zum Einsatz, auf denen mehrere kleine Knöpfe einen Weihnachtsbaum bilden. Die Knöpfe sind einfach mit Textilkleber befestigt, aber man kann sie natürlich auch mit Nadel und Faden festnähen. Die Servietten ziert das Wort „NOEL". Anstatt Blumen habe ich ein paar Koniferenzweige aus dem Garten geholt und in Sektgläsern auf dem Tisch drapiert. Als Kerzenständer dienen weiß besprühte, kleine Glasflaschen mit verschiedenen Motiven.

SPEKULATIUS-CUPCAKES MIT GEWÜRZKIRSCHEN IM GLAS

(für 12 Cupcakes oder Gläser)

60 g Butter
2 Eier
120 ml Milch
1 Prise Salz
180 g Mehl
1 TL Backpulver
100 g brauner Zucker
1 Pck. Bourbon-Vanillezucker
1 TL Spekulatiusgewürz

1 großes Glas Schatten-
   morellen
2 EL Kirschwasser
1 Pck. Bourbon-Vanillezucker
2 EL brauner Zucker
Zimt
1 – 2 TL Speisestärke

140 g Puderzucker
350 g Frischkäse (Doppel-
   rahmstufe)
400 g Sahne
2 Pck. Bourbon-Vanillezucker
Kirschwasser

Schokoladenkuvertüre
Mandelblättchen

Butter mit Zucker, Vanillezucker und Salz schaumig rühren. Eier zugeben und cremig schlagen.
Mehl mit Backpulver und Spekulatiusgewürz mischen und unter die Eimasse heben. Mit der Milch verrühren.

Cupcakeförmchen in ein Muffinblech stellen, den Teig einfüllen und bei 180 Grad ca. 20 – 25 Minuten backen.

Kirschen mit dem Saft in einen Topf füllen. Mit Kirschwasser, Vanillezucker und Zucker aufkochen. Speisestärke anrühren und unterrühren. Sobald die Kirschen zu dicken beginnen, vom Herd nehmen. Mit Zimt würzen. Abkühlen lassen!

Sahne steif schlagen. Frischkäse mit Puderzucker und Vanillezucker und einem Spritzer Kirschwasser cremig rühren. Die Sahne unterheben.

Cupcakes aus den Förmchen lösen. Jedes einzeln in ein Glas drücken. Darauf ca. 1 EL Kirschen verteilen. Die Sahnecreme in einen Spritzbeutel mit Sterntülle füllen und auf die Kirschen geben.

Zum Abschluss die Kuvertüre im Wasserbad schmelzen und jeweils ein kleines bisschen davon über die Sahne gießen.

TIPP

Man kann die Cupcakes in der Adventszeit auch als „normale" Cupcakes präsentieren und auf die Variante im Glas verzichten. Dazu einfach die Kirschen weglassen oder separat dazu servieren.

Stern-Lollies

Für die Deko habe ich Stern-Lollies gemacht – wieder aus Isomalt (siehe S. 43). Dafür ein Stück Alufolie auf ein Brett legen und dieses leicht einölen. Einen ebenfalls eingeölten Plätzchenausstecher in Sternform bereitlegen.
Das Isomalt in einem kleinen Topf schmelzen, mithilfe eines Teelöffels ca. 2 mm hoch in die Förmchen gießen und ca. 10 – 15 Minuten aushärten lassen. Danach die Sterne vorsichtig aus der Form lösen. Mit einem Klecks flüssigem Isomalt lassen sich die Lollistäbchen ganz leicht an der Rückseite der Sterne befestigen.

MATERIAL

* farbloses Isomalt
* Lollistäbchen
* Plätzchenausstecher
* neutrales Pflanzenöl
* kleiner Topf
* Alufolie
* Holzbrett

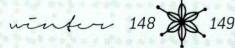

TIERISCHER CHRISTBAUMSCHMUCK

Meine jüngste Tochter hat sich für die Adventszeit auch einen kleinen Weihnachtsbaum als Dekoration für ihr Zimmer gewünscht. Es musste also bruchsichere und kinderfreundliche Deko her.

Ich habe mir gedacht, Spielzeugtiere eignen sich dafür am besten und sie passen natürlich auch perfekt ins Kinderzimmer. Also habe ich in Schleichtiere kleine Löcher gebohrt, Haken eingedreht und ein Band als Aufhängung angebracht. Als Girlande dient eine Schnur mit vielen kleinen Pompons. Dafür die Kügelchen von einem Pomponband abschneiden und mit Nadel und Faden auffädeln.

MATERIAL

* Schleichtiere
* kleine Haken
  (z. B. aus dem Baumarkt)
* Bänder
* Pomponborte
* Nadel und Faden

PULLI

Mir ist ein kleines Missge-schick passiert, wobei mein Pullover zu Größe XXS einge-laufen ist. Damit war er für mich schlicht und ergreifend nicht mehr tragbar. Aber was man nicht mehr tragen kann, das lässt sich auf jeden Fall für Dekorations-zwecke weiterverwenden!

Also habe ich kurzerhand die Ärmel abgeschnitten und sie in Stulpen für meine Fla-schenvasen verwandelt. Ich finde, das sieht richtig schön winterlich aus.
Daneben werden Apotheker-flaschen dekoriert, die mit ein paar winterlichen Motiven ge-schmückt sind. Hierfür habe ich wieder passende Grafiken ausgewählt, sie auf transpa-rente Transferfolie gedruckt und auf die Apothekergläser geklebt.

MATERIAL

* alter Pulli
* Flaschen
* Apothekerflaschen
* selbstklebende, transpa-rente Transferfolie

WE *welcome* THE NEW YEAR
hopefully ALL OF OUR
wishes COME TRUE

Diese Silvesterparty steht zwar nicht wirklich unter einem Motto, aber alles ist vom Stil der 1920er Jahre angehaucht. Die Dekoration besteht aus Masken, Glimmer, Straußenfedern und Lampions.

SILVESTERFEIER

Über unserem Beistelltisch hängen weiße Papierlampions, dahinter habe ich die Zahl des kommenden Jahres mit Masking Tape an der Wand befestigt.

Die Ränder der Sektgläser ziert schwarzer Glimmer, der eigentlich für Cupcakes gedacht ist, und die Gläser selbst sind mit Granatapfelkernen aufgefüllt. Unsere Servietten sind zu Blüten-Pompons gefaltet, was ganz leicht ist: Die seitlichen Enden, die nicht gefaltet sind, abschneiden und die Serviette einmal aufklappen. Anschließend wie bei einem Fächer falten und die Enden rund abschneiden. Mit einer Schnur in der Mitte verschnüren und alles schichtweise voneinander trennen.

MATERIAL

* Straußenfedern
* Masking Tapes
* schwarzes Tonpapier
* Papierservietten
* Schnur
* Wunderkerzen
* Bänder
* Piccolo-Sekt
* Papierstrohhalme
* Holzspießchen
* Masken

Auf dem Tisch stehen neben jedem Teller noch Piccolo-Sektflaschen, an denen jeweils ein Papierstrohhalm gebunden ist. Und für jeden Gast liegen zusammengebundene Wunderkerzen bereit.

Für später, wenn die Runde etwas ausgelassener feiert und man schön langsam an das Erinnerungsfoto für den Silvesterabend denkt, habe ich kleine Bärte gebastelt (siehe auch S. 30 u. S. 75). Diese werden auf Tonpapier aufgezeichnet, ausgeschnitten und mit Heißkleber an Holzspieße geklebt.

Ein paar Glückskekse stehen für alle Fälle auch noch bereit.

OREOCAKE-TIRAMISU

(für 4 Gläser)

400 g Sahne
250 g Mascarpone
2 Pck. Bourbon-Vanillezucker
16 Oreokekse
100 ml Espresso oder Kaffee
evtl. Zucker
kleine Oreos zum Verzieren

Die Sahne mit dem Vanillezucker steif schlagen. Ca. $\frac{1}{3}$ davon beiseitestellen.
Mascarpone mit etwas Zucker (ca. 1 EL, nach Geschmack auch mehr) cremig rühren und $\frac{2}{3}$ der Sahne unterheben.
Jetzt beginnt das Schichten: Einen Oreo in ein Glas geben und mit 1 EL Espresso beträufeln. Darauf einen Klecks Sahnecreme geben. Jetzt wieder einen mit Espresso beträufelten Oreo darauf schichten und einen Klecks Creme darauf geben. Danach wieder ein Oreo und 1 EL Espresso.
Jetzt vier Kekse halbieren, das Innere auskratzen und unter die restliche Sahne mischen.
Die Kekshälften fein zermahlen und ebenfalls unter die Sahne mischen. Damit das Tiramisu abschließen.

Amazon

www.amazon.de

Bei diesem Internetversand gibt es ja bekanntlich alles – u. a. auch die verschiedensten Kuchenformen. Ein Blick lohnt sich auf jeden Fall.

Anthropologie

http://www.anthropologie.eu/de/europe/page/home

Eine tolle Adresse für alles, was die Küche schöner macht. Ich kaufe hier gern Keramik und Serviergeschirr, aber auch die Schürzen, Geschirrtücher und das Besteck haben es mir angetan.

Avie-Art

Tel: +49 (0) 351 / 65 35 59 88
service@avie-art.de
http://www.avie-art.de/

Bei Avie-Art findet man viele schöne Stempel, und sogar personalisierte Artikel sind möglich. Perfekt also für die verschiedensten Dekorationen und Cake-Toppers. Lassen Sie Ihrer Kreativität freien Lauf.

belle & boo

Tel: +44 (0) 117 / 924 6382
hello@belleandboo.com
http://booboobelle.com/

Belle & Boo ist eine ideale Fundgrube für zauberhafte Kindersachen. Wer einen Trip nach England plant, sollte unbedingt in einem der Geschäfte einen Halt einlegen. In der Zwischenzeit lässt es sich ja auch herrlich online shoppen.

Bertine

Tel: +49 (0) 180 / 50 00 531
info@bertine.de
http://www.bertine.de/

In diesem Online-Shop gibt es u. a. Wohnaccesoires, Eulen-Geschenke, ausgefallene Handtaschen und – Kuchendeko. Für mich ein toller Bezugsort für Zuckerstreusel.

blueboxtree

https://www.blueboxtree.com/de/

Blueboxtree ist spezialisiert auf ausgefallene Party-Accessoires rund um Kindergeburtstage und andere Anlässe. Mit diesen zum Teil ausgefallenen Produkten wird jede Feier zu einem unvergesslichen Erlebnis – wobei eigene Kreativität und Liebe zum Detail natürlich auch nicht fehlen dürfen.

cake pops

Tel: +49 (0) 7152 / 359 38 64
info@cake-pops.de
http://www.cake-pops.de/

Die beiden Inhaberinnen hatten es satt, viel Zeit mit der Suche nach den richtigen Backutensilien und -accesoires zu vergeuden. Darum gründeten sie kurzerhand ihren eigenen Online-Shop, in dem es nun alles für die Zubereitung der leckeren Cake Pops und noch unzählige andere Dinge zum Backen gibt.

Casa di Falcone

http://www.casa-di-falcone.de/

Schöner schenken und verpacken lautet hier das Motto. Ich habe zum Beispiel das Material für die Papieranhänger bei Casa di Falcone gefunden.

DaWanda

http://de.dawanda.com/

DaWanda, der Marktplatz für Einzigartiges. Hier verkaufen Designer und andere kreative Köpfe ihre Produkte. Ob Mode, Papeterie, Taschen oder Schmuck – die Auswahl ist schier unbegrenzt und es gilt vieles zu entdecken.

Etsy

http://de.etsy.com/

Der weltweite Marktplatz für Handgefertigtes – so nennt sich das Unternehmen selbst. Angeboten wird (fast) alles – von Mode über Accessoires bis hin zu Möbeln und Handwerkszubehör. Und beim Stöbern kommt man immer auf viele neue Ideen.

Geliebtes Zuhause

Robert-Bosch-Straße 18
63584 Gründau-Lieblos
Tel: +49 (0) 6051 / 91 64 722
info@geliebtes-zuhause.de
http://www.geliebtes-zuhause.de/

September bis März
Mo bis Fr: 10 – 18 Uhr
Sa: 10 – 15 Uhr
April bis August
Mo bis Fr: 10 – 19 Uhr
Sa: 10 – 16 Uhr

Hier sind unzählige Wohnaccessoires der verschiedensten Marken zu bestaunen, u. a. sind Greengate, Spiegelburg und Maileg zu bewundern.

H&M home

http://www.hm.com/de/department/HOME

H&M home bietet wunderschöne Textilien und viele Accessoires für die eigenen vier Wände an. Im Gegensatz zu der Bekleidungslinie ist die home-Kollektion aber noch nicht in allen lokalen Geschäften erhältlich.

Home & Living

http://www.homeundliving.com/

Von Bloomingville, House Doctor, Walther & Co. bis zu Tinek home sind hier viele verschiedene Marken vertreten. Ein wahres Paradies zum Stöbern!

Ikea

http://www.ikea.com/de/de/

Der schwedische Möbelriese bietet für mich in Sachen Geschirrtücher, Serviergeschirr und Gläser sowie Muffinformen eine schier unersättliche Quelle der Inspiration.

Impressionen Versand

http://www.impressionen.de/shop/home

Ein bezaubernder Online-Shop, der seine neuen Produkte zweimal jährlich in einem Katalog präsentiert. Hier bedeutet der Katalog schon Inspiration pur.

KD Torten

Colonnaden 3
20354 Hamburg
Tel: +49 (0) 40 / 357 151 17
http://kdtorten.de/

Mo bis Sa: 10 – 20 Uhr

KD Torten bietet eine sehr große Auswahl an Backzubehör, von Motivbackformen über Glasurfarben und Cupcakebackformen. Für mich ist es auch die ideale Adresse für Tortenuntersetzer, Glitter, Goldstaub und Lebensmittelpaste.

Kirsch Interior

http://www.kirsch-interior.de/

Hier bekommt man (fast) alles zum Backen und Dekorieren. Das Traditionsgeschäft zeichnet sich vor allem durch seine Auswahl an Papeterie, Home-Accessoires sowie Entwürfe aus dem eigenen Atelier aus.

mein Cupcake

http://www.meincupcake.de/shop/

Selber backen und verpacken, so lautet das Motto von meincupcake.de. In diesem Sinne gibt es hier vom einfachen Muffinförmchen bis zum fertigen Fondant alles, was das Herz der Bäckerin begehrt.

Rie Elise Larsen über Lunoa

http://www.lunoa.de/

Das Motto von Lunoa lautet: „Für Groß und Klein zum Glücklichsein." Hier kaufe ich besonders gern hübsche Geschenkpapiere.

Sabre Paris über

http://www.trend-und-kueche.de/shop/

Dieser Shop ist ein toller Bezugspartner für Sabre Paris. Es gibt aber auch noch zahlreiche andere Accessoires, die sich in jeder Küche blicken lassen können (und sollten).

Shabby Style

Kreuzbergstraße 15
10965 Berlin
http://www.shabby-style.de/

Di bis Fr: 12 – 19 Uhr
Sa: 11 – 18 Uhr

Ein wunderschöner Online-Shop, zu dem mittlerweile auch ein lokales Ladengeschäft in Berlin gehört. Hier kaufe ich gern Masking Tapes, Strohhalme, Besteck, Zierbinde und viele andere schöne Dinge.

Stempelfabrik

Tel: +49 (0) 800 / 976 33 42
info@stempel-fabrik.de

Die Stempelfabrik ist für mich unter anderem Bezugsquelle für individuell angefertigte Holzstempel.

Town Country Home

Kuno-Fischer-Straße 15
14057 Berlin
Tel: +49 (0) 30 / 30 30 87 80
http://www.towncountryhome.de/

Mo bis Fr: 11 – 18 Uhr

Hier findet man Wohnaccessoires, Interieur, Damenbekleidung, Schmuck, Accessoires sowie Kinderartikel aus Dänemark, Schweden und Frankreich. Skandinavischer Landhausstil und das hiesige Design werden gepaart mit der französischen Lebensphilosophie – auf jeden Fall einen Besuch wert.

Villa König

http://villakoenig.de/

Villa König ist ein Online-Shop, der von Yvonne König gegründet wurde. Sie sagt über sich selbst, dass Dekoration nicht nur ein Hobby für sie ist, sondern eine Lebenseinstellung. Das merkt man in dem liebevoll gestalteten Shop sofort, der wunderschöne Kleinigkeiten im Vintage- und Shabby Chic-Stil bereithält.

CAFÉS IN MÜNCHEN

Café Fortuna
Sedanstr. 18
81667 München

Cafe Jasmin
Steinheilstr. 20
80333 München

Cafe Ruffini
Orffstr. 22 – 24
80637 München

Hoover und Floyd
Ickstattstr. 2
80469 München

Living Room
Wiener Platz 2
81667 München

Wir machen Cupcakes
Utzschneiderstr. 12
80469 München

LÄDEN IN MÜNCHEN

Ladoug
Müllerstr. 30
80469 München

Schrannenhalle
Viktualienmarkt 15
80331 München

CAFÉS IN BERLIN

Barcomi´s
Cafe und Kaffeerösterei
Bergmannstr. 12
10961 Berlin

Barcomi´s Deli
Sophie-Gips-Höfe, 2. Hof
Sophienstr. 21
10178 Berlin

Cupcake Berlin
Krossenerstr. 12
10245 Berlin

Wohnzimmer
Lettestr. 6
10437 Berlin

LÄDEN IN BERLIN

Goldhahn & Sampson
Dunckerstr. 9
10437 Berlin

Shabby Style
Kreuzbergstr. 15
10965 Berlin

Town & Country
Kuno-Fischer-Str. 15
14057 Berlin

MEIN BLOG

www.fraeulein-klein.blogspot.de

In diesem Buch zeige ich meine liebsten Back- und Dekoideen durch das ganze Jahr. Mehr köstliche Rezepte und bezaubernde Dekoideen aus der wunderbaren Welt von Fräulein Klein gibt es auch auf meinem Blog zu sehen.

impressum

© 2012
Georg D. W. Callwey GmbH & Co. KG
Streitfeldstraße 35, 81673 München
www.callwey.de
E-Mail: buch@callwey.de

Bibliografische Information der Deutschen Nationalbibliothek
Die Deutsche Nationalbibliothek verzeichnet diese Publikation
in der Deutschen Nationalbibliografie; detaillierte bibliografische Daten sind im Internet über http://dnb.d-nb.de abrufbar.

ISBN 978-3-7667-1981-2

Alle Bilder in diesem Buch stammen von Yvonne Bauer mit
Ausnahme von:
S. 15: ©Gabriela Neeb, München
S. 13, S. 16, S. 20 Mitte li., S. 21 u., S. 24 o. li., S. 27 u. re.,
S. 42 u. li., S. 46 u. li., S. 57 (alle), S. 71 re., S. 76 u. li., S. 89 li.
außen, S. 89 2. v. li., S. 92 o. li., S. 95 o. re., S. 95 Mitte re.,
S. 96 (alle), S. 98, S. 113, S. 122 re., S. 125 o. u. Mitte, S. 151 re.
(beide), S. 153, S. 159: ©Reinhard Harant

Projektleitung: Stephanie Bergmeier
Umschlaggestaltung: independent Medien-Design, München,
unter Verwendung eines Bildes von Gabriela Neeb (Cover) und
eines Bildes von Yvonne Bauer (Rückseite)
Vorsatz / Nachsatz: Yvonne Bauer
Grafisches Konzept: Claudia Eder, Augsburg
Layout und Satz: Daniela Petrini, petrinidesign, München
Druck und Bindung: Stürtz GmbH, Würzburg

Printed in Germany

dank

Bei meinem Mann und meinen beiden Töchtern möchte
ich mich ganz herzlich bedanken. Ohne sie wären mein
Buch und mein Blog nicht möglich. Ebenfalls bedanken möchte ich mich bei meinem Schwager Reinhard
Harant, der mich zum Teil fotografisch begleitet hat. Ein
ganz besonderer Dank gilt all meinen treuen Bloglesern
und -freunden, ohne die dieses Buch ebenfalls nicht
möglich gewesen wäre.

anleitungen aus dem internet

Origami-Kraniche als Toppers für Sakura-Jasmin-Erd-
beertorte (siehe S. 48)
http://www.origami-kunst.de/faltanleitungen/diagram-
me/kranich/
http://www.youtube.com/watch?v=sYZCmljnf-g

Origami-Blüten als Toppers für weiße Schokoladen-
Cupcakes (siehe S. 60)
http://foldingtrees.com/2008/11/kusudama-tutorial-
part-1/
http://www.youtube.com/watch?v=FJHKthoxNrY

Motive für besprühte Flaschen und Stoffanhänger
(siehe S. 116 u. S. 130)
http://graphicsfairy.blogspot.de/